T0204084

Contemporánea

Federico García Lorca nació en Fuente Vaqueros (Granada) el 5 de junio de 1898, y murió fusilado en agosto de 1936. A partir de 1919 estuvo en Madrid, en la Residencia de Estudiantes, conviviendo con parte de los poetas que después formarían la Generación del 27. Se licenció en derecho en el año 1923 en la Universidad de Granada, donde también cursó estudios de filosofía y letras. Viajó por Europa y América y, en 1932, dirigió la compañía de teatro La Barraca. Sus obras poéticas más emblemáticas son el *Romancero gitano* (1927), donde el lirismo andaluz llega a su cumbre y universalidad, y *Poeta en Nueva York* (1940), conjunto de poemas adscritos a las vanguardias de principios del siglo xx, escritos durante su estancia en la Universidad de Columbia. Entre sus obras dramáticas destacan *Bodas de sangre*, *La casa de Bernarda Alba* y *Yerma*.

Federico García Lorca
El maleficio de la mariposa

Edición a cargo de
Víctor Fernández

DEBOLS!LLO

Papel certificado por el Forest Stewardship Council®

MIXTO
Papel procedente de
fuentes responsables
FSC® C117695

Penguin
Random House
Grupo Editorial

Primera edición: marzo de 2019
Quinta reimpresión: mayo de 2023

© 2019, Penguin Random House Grupo Editorial, S. A. U.
Travessera de Gràcia, 47-49. 08021 Barcelona
© 2019, Víctor Fernández, por la edición, la introducción y la cronología
Mi agradecimiento a Anna Maria Iglesia, que hace mejor mis textos
Diseño de la cubierta: Penguin Random House Grupo Editorial / Andreu Barberan
Ilustración de la cubierta: © Lisbel Gavara
Fotografía del autor: © El País

Printed in Spain – Impreso en España

ISBN: 978-84-663-4826-3
Depósito legal: B-2.138-2019

Compuesto en Comptex & Ass., S. L.

Impreso en Liberdúplex
Sant Llorenç d'Hortons (Barcelona)

P 3 4 8 2 6 B

Índice

Llenemos el teatro de espigas frescas, debajo de las cuales vayan palabrotas que luchen en la escena con el tedio y la vulgaridad a que la tenemos condenada.

FEDERICO GARCÍA LORCA,
Retablillo de don Cristóbal

NOTA SOBRE LA EDICIÓN

El pintor y escenógrafo Santiago Ontañón, uno de los grandes amigos de Federico García Lorca, recordaba en sus memorias tituladas *Unos pocos amigos verdaderos* cómo fue la representación de *El maleficio de la mariposa* la primera vez que levantó el telón un texto teatral del poeta granadino. «Todos se portaron muy bien... pero el estreno fue desastroso. Fue uno de esos estrenos madrileños en que se venían abajo los techos por el pateo, de forma que el *maleficio* anunciado en el título se cumplió al pie de la letra y hasta sus últimas consecuencias. Federico me lo contaba siempre muerto de risa.» Pese a ese ruidoso fracaso, en *El maleficio de la mariposa* encontramos algunas de las líneas generales del Lorca dramaturgo.

La presente edición contiene, además de *El maleficio de la mariposa*, una pequeña obra titulada *Del amor. Teatro de animales*, que podemos ver como un precedente inmediato a la pieza que se estrenaría el 22 de marzo de 1920 en el Eslava de Madrid. Seguimos con uno de los diálogos escritos en la Residencia de Estudiantes tras aquel fracaso teatral, una manera de poder saber algo más de los intereses del Lorca dramaturgo tras *El maleficio de la mariposa*. Igualmente incluimos una fotografía de la puesta en escena de la pieza por Gregorio Martínez Sierra, el programa de mano del estreno y una crítica del texto lorquiano de Manuel Machado.

INTRODUCCIÓN

> «¿Qué hace usted en la oscuridad duran-
> te tantas horas?», le pregunté un día [a Luis
> Buñuel]. «Pienso», me contestó. Quise saber
> en qué. Sonrió tristemente y me dijo: «En los
> insectos y los hombres».
>
> JEANNE MOREAU

De todas las obras de su teatro que Federico García Lorca vio
en escena, fue *El maleficio de la mariposa* la que corrió peor
suerte. Su estreno fue un sonoro fracaso del que su autor tardó algunos años en reponerse. Sin embargo, en esta pieza tan
poco conocida para el gran público está representada la raíz
de algunos de los elementos que forman parte de lo que será
el teatro lorquiano posterior. Es una obra primeriza, pero es
también la carta de presentación de uno de los principales dra-
maturgos de su tiempo. Pero para entender este texto y com-
prender todo lo que sucedió a su alrededor tenemos que re-
montarnos a unos meses antes de su estreno, cuando Federico
se encontró con quien sería el entusiasta promotor, el encar-
gado de llevar a los escenarios aquella fábula.

A mediados de junio de 1919, el Centro Artístico y Literario de Granada organizaba un homenaje al catedrático y
diputado Fernando de los Ríos, uno de los maestros de Lor-

ca. El acto, recogido el 16 de junio de 1919 en las páginas del diario *El Defensor de Granada*, había consistido en una reunión de socios del centro en los jardines del Generalife, en el recinto de la Alhambra. El redactor de la noticia, probablemente el periodista Constantino Ruiz Carnero, un íntimo amigo del joven poeta, se hacía eco de cómo había sido aquel acto en el que «Ángel Barrios hizo con su guitarra tantos primores que se apoderó del alma de todos los oyentes, y los poetas granadinos Alberto Álvarez Cienfuegos y Federico García Lorca recitaron bellas poesías dedicadas a Granada, que les valieron muchos aplausos». Entre los asistentes, según la información del periódico, había un invitado procedente de Madrid que sería personaje importante en la historia de *El maleficio de la mariposa*: «La alegría reinó a gran escala y ésta fue mayor cuando honró a los comensales con su presencia la genial artista Catalina Bárcena y el literato Gregorio Martínez Sierra».[1]

Cuando tiene lugar esta celebración, Lorca ya ha tenido contacto con Martínez Sierra, uno de los principales hombres de la escena española de principios del siglo xx y hoy algo olvidado. Nacido en 1881, además de dramaturgo, poeta, narrador y libretista —por ejemplo, de *El amor brujo* de Manuel de Falla—, era también un destacado empresario teatral muy al tanto de las nuevas corrientes artísticas del momento. Con una ingente producción literaria a sus espaldas, hoy sabemos que él no fue el autor de la mayoría de esos trabajos. La persona responsable de esos textos fue María de la O Lejárraga, su esposa desde 1900 y con la que mantuvo una buena relación hasta que apareció, cinco años más tarde, la actriz Catalina Bárcena, que pasó a ser la amante y protegida de Gregorio Martínez Sierra y que convivió en el domicilio madrileño del matrimonio. Cabe decir que fue la propia María la que decidió permanecer a la sombra literaria de su marido por el fracaso de su primera novela y porque «siendo maestra de escuela, es decir, desempeñando un cargo público, no quería empañar la limpieza de mi nombre con la dudosa fama que en aquella época caía como sambenito, casi deshonroso, sobre toda mujer "literata"...».[2]

Antonina Rodrigo, la biógrafa de María de la O Lejárraga, ha demostrado que fue ella la autora de la obra de teatro *Canción de cuna*, pese a que en 1911 el éxito y los méritos se los llevó Martínez Sierra. Pero eso es algo que Federico García Lorca no sabía cuando en 1917, siendo un estudiante de la Universidad de Granada, escribe a su familia tras visitar el Real Monasterio de Santo Domingo de Silos. El joven poeta dice sobre las monjas en esta misiva que «todas ellas vestían de blanco y como estuvimos con todas muchas veces vi escenas como de *Canción de cuna*...».[3]

Gracias a estas cartas familiares podemos saber que, una vez ya instalado en Madrid, Lorca tenía incluso la posibilidad de publicar algunos de sus textos en la biblioteca Renacimiento o en La Estrella, dos de las colecciones editoriales que dirigía Martínez Sierra. Todo ello gracias a los buenos oficios del dramaturgo Eduardo Marquina, quien finalmente hizo posible el encuentro a principios de junio de 1919. «De Marquina todo lo que diga es poco. Anteanoche me presentó encomiásticamente a Martínez Sierra y estuvimos hasta muy tarde en el camerino de la Bárcenas [sic] que es una actriz encantadora.»[4]

En esa época, Lorca amontonaba en los cajones de su escritorio numerosos manuscritos tras renunciar a hacer carrera como músico. Algunos formaron parte de las prosas viajeras que había dado a imprenta en 1918 bajo el título de *Impresiones y paisajes*, el primero de sus libros. Había también abundante poesía, así como algunas piezas teatrales. Un testigo de excepción de ese proceso fue su hermano Francisco, quien mucho tiempo después rememoraría que «en los años 1917 y 1918 Federico llena cuartillas con avidez, y tengo la impresión de que no era amigo de comunicarlas en la lectura, sino, acaso recatadamente y en la intimidad. No asomaba todavía en él la espontaneidad comunicativa con que más tarde solía leer sus poemas a los amigos conforme las prosas líricas, llenas de literaria angustia adolescente, fueron cediendo paso a la poesía».[5]

Una de esas lecturas «en la intimidad» la brindó a Gregorio Martínez Sierra y a Catalina Bárcena en Granada, durante el banquete ofrecido a Fernando de los Ríos en el Generalife. Fue allí donde les leyó una fábula que, como recuerda José Mora Guarnido, testigo de aquella escena, «contaba la mínima aventura de una mariposa que, rotas las alas, iba a caer en un nido de cucarachas; allí la recogen, la auxilian y la curan y allí se enamora de ella el hijo de la cucaracha. Pero, cuando la mariposa recobra la gracia del vuelo, se eleva en el aire dejando desolado al pobrecillo amante. Leídos en el libro esos poemas pierden gran parte de su sencillo encanto; recitados por Federico rebosaban de gracia y de atractivo».[6] Junto con Mora, estaba Miguel Cerón, otro íntimo de Lorca, que rememoraría cómo Catalina Bárcena lloró tras la lectura, mientras Martínez Sierra exclamaba: «¡Este poema es puro teatro! ¡Una maravilla! Lo que tiene que hacer ahora es ampliarlo y convertirlo en teatro de verdad. Yo le doy mi palabra de que se lo estrenaré en el Eslava».[7]

¿Estrenar en el Eslava de Madrid? ¿Cómo no iba a entusiasmarle la idea a Lorca? Aceptó el encargo, aunque sin darse cuenta de la dimensión de un proyecto que tardó varios meses en comenzar a elaborar entre Granada y Madrid. Fue en esta última ciudad donde el manuscrito empezó a tomar forma, en el cuarto de Lorca, en la Residencia de Estudiantes, donde tiene entre otros compañeros a Luis Buñuel. El futuro cineasta aragonés era un entusiasta del Museo de Historia Natural que se encuentra a muy pocos pasos de la Residencia y en cuya puerta se fotografiará Lorca en compañía de Salvador Dalí y Pepín Bello, otros residentes de excepción. Para Buñuel, fue un acontecimiento la publicación en 1920 de los cinco tomos en los que Espasa Calpe recogió los trabajos del entomólogo J. H. Fabre sobre el mundo de los insectos. En estos textos, vería una posibilidad dramática, como confesaría en 1953 en una entrevista a François Truffaut: «Podría hablarle de una película con la que sueño, puesto que no la rodaré jamás. Inspirándome en obras de Fabre, inventaría personajes tan realistas como los de mis películas normales, pero poseyendo las características de algunos insectos. La protagonista, por ejemplo, se comportaría como una abeja; el galán joven, como un escarabajo, etc. ¿Entiende por qué es un proyecto sin esperanza?».[8]

No sabemos si Lorca leyó a Fabre, aunque es tentador pensar que Buñuel pudo hablarle de este naturalista. Lo que sí es seguro es que esa humanización de los insectos la encontramos en poemas de este periodo, como el que leyó a Martínez Sierra. Alguno incluso había estado a punto de acabar destruido, como el titulado *Los encuentros de un caracol aventurero*:

Hay dulzura infantil
en la mañana quieta.
Los árboles extienden
sus brazos a la tierra.
Un vaho tembloroso
cubre las sementeras,
y las arañas tienden
sus caminos de seda
—rayas al cristal limpio
del aire—.
En la alameda

un manantial recita
su canto entre las hierbas.
Y el caracol, pacífico
burgués de la vereda,
ignorado y humilde,
el paisaje contempla.
La divina quietud
de la Naturaleza
le dio valor y fe,
y, olvidando las penas
de su hogar, deseó
ver el fin de la senda.

Echó a andar e internose
en un bosque de yedras
y de ortigas. En medio
había dos ranas viejas
que tomaban el sol,
aburridas y enfermas.

También resulta interesante descubrir una suerte de precedente a la obra en uno de los diálogos escritos por el autor durante su formación como dramaturgo, una de esas piezas que nunca llegó a ver sobre un escenario. Titulada *Del amor. Teatro de animales*, en este delicioso texto tenemos una fábula. Es el Lorca comprometido socialmente en una línea, que, como ha dicho Eutimio Martín, primer editor de este texto, nos lleva hasta *Comedia sin título*, una de las últimas obras lorquianas, «también anclada en el tema de la revolución social».[9] La obra también plantea uno de los temas frecuentes en el teatro lorquiano, el del amor imposible, el que no puede ser. Al igual que le pasará a la novia de *Bodas de sangre* con Leonardo o a la Adela de *La casa de Bernarda Alba* con el invisible Pepe el Romano, Cuarinito el Nene, está enamorado de la Mariposa, pero esa relación no llegará a prosperar.

A finales de diciembre de 1919, Gregorio Martínez Sierra le anuncia oficialmente a Lorca su intención de estrenar una obra que en ese momento no tiene título alguno:

Mi querido amigo:

He decidido estrenar muy pronto la deliciosa comedia de las curianas. Se lo advierto para que trabaje en ella deprisa y con todo entusiasmo. No deje de traerla terminada cuando regrese a Madrid.

Feliz año. Muy suyo,

G. MARTÍNEZ SIERRA[9]

Poco se sabe del proceso de redacción del manuscrito de cuarenta y ocho folios que hoy se conserva en el Centro Federico García Lorca de Granada. Mientras trabajaba en él, Lorca tenía la esperanza de que pudiera alcanzar el aplauso en el Eslava, tal y como le dice a su familia en una carta, cuando asegura a sus padres que «yo os devolveré el dinero, pues, si tienen éxitos las curianas, ganaré, según Martínez Sierra, una cantidad respetable de pesetas».[11] Pero, con el paso de los días, no debió de ver muy clara la aventura en la que se había embarcado hasta el punto de resistirse a darle un título definitivo al texto, pese a las presiones del empresario. Un día, según el testimonio de Mora Guarnido, almorzando en la Residencia de Estudiantes, tuvo que ceder en conversación telefónica. Martínez Sierra necesitaba preparar los carteles y los programas de mano:

«—Póngale el que quiera, el que a usted más le guste. [...] El que más le guste... Yo lo autorizo... Con toda libertad... A mí no se me ocurre nada».

Al día siguiente, tras la autorización de Lorca, los diarios anunciaron el próximo estreno de *El maleficio de la mariposa*.[12] Probablemente al poeta no le gustaría mucho aquella propuesta que se alejaba del título que inscribió en el manuscrito: «La estrella del prado». Por otra parte, en una carta, Martínez Sierra la llamaba provisionalmente «La ínfima comedia».

Hay que reconocer el buen oficio de Gregorio Martínez Sierra, que se rodeó de un magnífico equipo para estrenar a un dramaturgo desconocido hasta ese momento. Para los papeles protagonistas contó con Encarnación López Júlvez, la Argentinita quien se puso en la piel de la mariposa herida, mientras que la Bárcena encarnó a Curianito. Los decorados los firmó Manuel Fontanals, y los figurines, Rafael Pérez Barradas, uno de los íntimos amigos del poeta en sus salidas nocturnas con Buñuel y Dalí por las tabernas de Madrid. La parte musical fue de Grieg, a partir de la instrumentalización realizada por José Luis Lloret. El estreno se programó para el 22 de marzo de 1920. Pese al buen trabajo de todos, la representación fue un sonoro fracaso.

Existen varios testimonios de aquella representación. Rafael Alberti calificaría el texto como «obrilla ingenua, infantil», recordando que «el público pateó, haciendo chistes de cuanto sus personajes —cucarachas y otros bichillos— decían».[13] Los amigos granadinos del poeta también estuvieron con él, como Mora Guarnido, quien rememoraría lo accidentado del estreno: «Cuando el Alacrán, relamiéndose y desperezándose con fruición de *gourmand*, proclamó: "Me he comido tres moscas", se armó el gran escándalo. Los actores —¡pobres!—, contagiados todos probablemente por el entusiasmo de don Gregorio, hicieron todo lo que pudieron». Mora recordaba que Lorca estaba tranquilo y sonriente, «aunque acaso, como dice el refrán, lo procesión fuera por dentro».[14]

Mientras todo esto ocurría, en Granada se esperaban noticias. El padre del poeta había pedido a un amigo financiero, llamado Manuel Conde, que asistiera a la función y le diera cuenta de lo ocurrido. Conde le envió el siguiente telegrama: «La obra no gustó. Todos coinciden en que Federico es un gran poeta».[15]

Pero el gran poeta decidió romper literariamente con este tipo de teatro y empezó a recuperar el espíritu de los diálogos que ya había trabajado en Granada a finales de la década anterior. Sin embargo, la huella de sus compañeros de la Residencia de Estudiantes será decisiva, como se puede apreciar en piezas como *Diálogo con Luis Buñuel* o el que se reproduce en esta edición a la manera de epílogo. Poco a poco, el poeta encuentra su voz, la misma que también lo llevará a un teatro comprometido y renovador y donde no se percibe la sombra de Gregorio Martínez Sierra.

En lo que respecta a *El maleficio de la mariposa*, Lorca rara vez hablaría públicamente de lo que había supuesto ese fracaso. La única excepción llegaría en febrero de 1935, ya convertido en un dramaturgo de éxito tanto en España como en Argentina. En una conversación con el periodista Ángel Lázaro, más conocido como Proel, declararía que ante las adversidades él tenía «una sana risa para todo. Mire usted: cuando yo estrené mi primera obra, *El maleficio de la mariposa*, con ilustraciones musicales de Debussy y decoraciones de Barradas, me dieron un pateo enorme, ¡enorme!

»—¿Se ríe usted ahora?

»—Y entonces. Ya entonces tenía esta risa. Mejor dicho, esta risa de hoy es mi risa de ayer, mi risa de infancia y de campo, mi risa silvestre, que yo defenderé siempre, siempre, hasta que me muera».[16]

Notas

1. La nota de *El Defensor de Granada* se reproduce en Ian Gibson, *Federico García Lorca*, Barcelona, Crítica, 2011, pág. 251.

2. Antonina Rodrigo, *María Lejárraga. Una mujer en la sombra*, Madrid, Ediciones VOSA, 1994, págs. 58-59.

3. Federico García Lorca, *Epistolario completo*, edición de Andrew A. Anderson y Christopher Maurer, Madrid, Cátedra, 1997, pág. 42.

4. *Ibid.*, págs. 60-61.

5. Francisco García Lorca, *Federico y su mundo*, edición de Mario Hernández, Madrid, Alianza Editorial, 1981, págs. 160-161.

6. José Mora Guarnido, *Federico García Lorca y su mundo*, Buenos Aires, Losada, 1958, pág. 123.

7. Ian Gibson, *op. cit.*, pág. 257.

8. Citado en Agustín Sánchez Vidal, *El mundo de Buñuel*, Zaragoza, Caja de Ahorros de la Inmaculada, 1993, pág. 99.

9. Véase Federico García Lorca, *Antología comentada. (II, Teatro y Prosa)*, edición de Eutimio Martín, Madrid, Ediciones de la Torre, 1989, pág. 68.

10. La carta permaneció inédita hasta que la dio a conocer Piero Menarini en su edición crítica de Federico García Lorca, *El maleficio de la mariposa*, Madrid, Cátedra, 1999, pág. 207.

11. Federico García Lorca, *Epistolario completo*, pág. 68.

12. José Mora Guarnido, *op. cit.*, pág. 125.

13. Rafael Alberti, *Prosa II. Memorias*, edición de Robert Marrast, Barcelona, Seix Barral, 2009, pág. 215.

14. José Mora Guarnido, *op. cit.*, págs. 128-129.

15. Francisco García Lorca, *op. cit.*, pág. 266.

16. Proel, «Galería. Federico García Lorca, el poeta que no se quiere encadenar. Infancia de campo. El paisaje y el hombre. El teatro seudointelectual. América. Obra en proyecto. Una sana risa para todo», *La Voz*, Madrid, 18 de febrero de 1935.

CRONOLOGÍA

1898 Nace el 5 de junio en Fuente Vaqueros, un pueblo de la Vega de Granada. Es el primer hijo del matrimonio formado por el terrateniente Federico García Rodríguez y la maestra de primera enseñanza Vicenta Lorca Romero.

1898-1908 Su infancia transcurre entre Fuente Vaqueros y el cercano pueblo de Asquerosa (hoy Valderrubio). Aprende sus primeras letras en la escuela primaria.

1900 Nace su hermano Luis, que morirá dos años más tarde.

1902 Nace su hermano Francisco.

1903 Nace su hermana Concha.

1908-1909 Estudia en el instituto de Almería con su maestro Antonio Rodríguez Espinosa, el mismo que había tenido en Fuente Vaqueros. Una enfermedad obliga al pequeño Federico a regresar a Valderrubio con los suyos de forma prematura.

1909 La familia se traslada a Granada y se instala en el número 66 de la calle Acera del Darro. Ese otoño García Lorca ingresa en el colegio del Sagrado Corazón de Granada. Nace su hermana Isabel.

1909-1914 Estudia el bachillerato, aunque lo que de veras le interesa es la música y sueña con hacer carrera como pianista. Para ello será fundamental su maestro Antonio Segura Mesa. En su último año de bachillerato realiza un curso preparatorio en la Universidad de Granada.

1915 Inicia dos carreras en la Universidad de Granada: la de Derecho y la de Filosofía y Letras. Serán fundamentales para él dos maestros: el catedrático de Derecho Político Español Comparado, Fernando de los Ríos, y el catedrático de Teoría de las Artes y la Literatura, Martín Domínguez Berrueta. En este tiempo se convierte en un habitual de la tertulia que un grupo de jóvenes intelectuales y artistas granadinos mantienen en el Café Alameda. Se trata de El Rinconcillo, de la que forman parte, entre otros, Melchor Fernández Almagro, Hermenegildo Lanz, Manuel Ángeles Ortiz, Constantino Ruiz Carnero, Francisco Soriano Lapresa, Manuel Fernández Montesinos o Ángel Barrios. De esta etapa datan algunos de los primeros dibujos conocidos del poeta.

1916 En abril escribe la prosa autobiográfica «Mi pueblo», donde rememora su infancia en la Vega de Granada. En mayo fallece Antonio Segura Mesa. En junio inicia una serie de viajes de estudios, con Martín Domínguez Berrueta, por distintas poblaciones andaluzas. En una de ellas, Baeza, conoce al poeta Antonio Machado, a quien admira profundamente. Escribe algunas obras musicales. En otoño, vuelve a viajar con Berrueta por Castilla y Galicia.

1917 Publica la prosa «Fantasía simbólica» en el *Boletín del centro artístico de Granada*, en un número especial dedicado al centenario del nacimiento de Zorrilla. En junio vuelve a viajar a Baeza con Domínguez Berrueta y se reencuentra con Machado. El 29 de junio escribe «Canción. Ensueño y confusión», considerado como su primer poema. En otoño, viaja de nuevo con Berrueta por lugares que inspirarán algunos textos publicados en periódicos locales, como el *Diario de Burgos*, material que dará luego pie a su libro *Impresiones y paisajes*. Está enamorado de una bella muchacha granadina llamada María Luisa Egea, que lo acabará rechazando.

1918 Año de gran actividad literaria, en el que escribe numerosas prosas y poemas. Publica su primer libro, *Impresiones y paisajes*, costeado por su padre y fruto de los viajes con el profesor Berrueta. Conoce a Emilia Llanos, que será una de sus mejores amigas y confidentes. Publica su primer poema en *Renovación*, una revista de la que no se ha conservado ningún número. Representa *La historia del tesoro* en la taberna del Polinario de Granada, junto con sus amigos Miguel Pizarro, Manuel Ángeles Ortiz y Ángel Barrios.

1919 Trabaja en algunas piezas teatrales breves. Viaja a Madrid, donde visita la Residencia de Estudiantes. Lleva consigo cartas de recomendación para Alberto Jiménez Fraud, director de la institución, y para Juan Ramón

Jiménez. Conoce al grupo de jóvenes residentes formado por Luis Buñuel, José Bello y José Moreno Villa, y se reencuentra con sus amigos malagueños Emilio Prados y José María Hinojosa. En junio conoce en Granada al dramaturgo Gregorio Martínez Sierra y a la actriz Catalina Bárcena. En septiembre visita Granada Manuel de Falla, que se convertirá en uno de los más importantes amigos del poeta, y que se acabará instalando en la ciudad al año siguiente.

1920   El 22 de marzo estrena *El maleficio de la mariposa*, su primera obra teatral, en el Eslava de Madrid, de la mano de Martínez Sierra y con un reparto encabezado por Catalina Bárcena y Encarnación López, la Argentinita. La representación resulta un fracaso total. Sus padres le obligan a regresar a sus estudios universitarios de Filosofía y Letras, aunque acudirá muy poco a las aulas. Comienza a trabajar en sus primeras *Suites*.

1921   En junio aparece *Libro de poemas*, la primera recopilación de sus versos, de nuevo gracias a la ayuda económica de su padre. El libro genera algunas reseñas; especialmente importante es la de Adolfo Salazar en el diario *El Sol*, uno de los más leídos en España. Trabaja en nuevas *Suites*, pero también en el futuro *Poema del cante jondo* y en la pieza teatral *Tragicomedia de don Cristóbal y la señá Rosita*.

1922   En febrero pronuncia su primera conferencia, «El cante jondo. Primitivo canto andaluz», acompañado a la guitarra por Manuel Jofré, en el Centro Artístico, Literario y Científico de Granada. En junio se celebra el Concurso de Cante Jondo, en Granada, en el que participa activamente como uno de sus responsables junto con Manuel de Falla, Ignacio Zuloaga y Miguel Cerón. Con motivo del certamen, lee en público algunas de las composiciones de *Poema del cante jondo*. En verano, da a conocer ante un grupo de amigos *Tragicomedia de don Cristóbal y la señá Rosita*.

1923 El 5 de enero, junto con Falla, ofrece una función de guiñol y música en la casa familiar de la calle Acera del Casino, con la representación de las piezas *Misterio de los Reyes Magos*, *Los dos habladores* y *La niña que riega la albahaca*. Trabaja en *Lola la comedianta*, que debía contener música de Manuel de Falla. En febrero logra concluir la carrera de Derecho. Regresa a la Residencia de Estudiantes, donde conoce a Salvador Dalí, alumno de la Escuela Especial de Pintura, Escultura y Grabado de la academia de San Fernando, desde septiembre del año anterior. Participa en la fundación de la Orden de Toledo, junto con Buñuel, Bello, Moreno Villa y Dalí. Comienza a trabajar en su obra teatral *Mariana Pineda*, así como en las composiciones que darán lugar al *Romancero gitano*.

1924 En julio, Juan Ramón Jiménez y su esposa, Zenobia Camprubí, visitan Granada, donde Lorca será uno de sus guías. Trabaja en los poemas del *Romancero gitano*, además de en *Mariana Pineda* y *La zapatera prodigiosa*. Conoce a Rafael Alberti. Asiste con regularidad a la tertulia de Ramón Gómez de la Serna en el café de Pombo. Idea con Salvador Dalí el llamado *Libro de los putrefactos*, un proyecto que nunca se llegará a materializar pese a las insistencias del pintor.

1925 En enero termina *Mariana Pineda*. Inicia su intercambio epistolar con Jorge Guillén, así como otro, aunque breve, con Luis Buñuel. En abril, invitado por Salvador Dalí, viaja por primera vez a Cataluña. Se queda con el pintor en Cadaqués y Figueres, además de visitar Girona, Empúries y el cabo de Creus. Ante la familia Dalí lee *Mariana Pineda*. También dará a conocer esta obra y algunos de sus poemas durante una lectura en el Ateneo de Barcelona. Inicia su correspondencia con Salvador y Anna Maria Dalí. Trabaja en la oda dedicada al amigo pintor y en *Amor de don Perlimplín con Belisa en su jardín*. Sufre una importante crisis sentimental y conoce al escultor Emilio Aladrén, con quien mantendrá una relación. La familia adquiere la huerta de san Vicente, donde el poeta permanecerá largas temporadas a su paso por Granada.

1926 Entre enero y febrero realiza varias excursiones por las Alpujarras acompañado por Manuel de Falla y Francisco García Lorca, además de amigos como Alfonso García Valdecasas, Antonio Luna, José Segura y Manuel Torres López. En febrero dicta la conferencia «La imagen poética de don Luis de Góngora» en el Ateneo Literario, Artístico y Científico de Granada. En abril aparece en las páginas de la *Revista de Occidente* su «Oda a Salvador Dalí». Jean Cassou le dedica una reseña a ese poema en *Le Mercure de France*, donde lo califica como «la manifestación más brillante de ánimo absolutamente nuevo en España». En el Ateneo de Valladolid, presentado por Jorge Guillén y Guillermo de Torre, recita los poemas de los libros que prepara: *Suites, Canciones, Poema del cante jondo* y *Romancero gitano*. Las presiones de sus padres le hacen barajar la posibilidad de prepararse para convertirse en profesor de literatura. Se encuentra con la actriz Margarita Xirgu, a quien entrega una copia de *Mariana Pineda* con la esperanza de que quiera estrenarla. En octubre pronuncia la conferencia «Paraíso cerrado para muchos, jardines abiertos para pocos», sobre Soto de Rojas, en el Ateneo de Granada. Aparecen en la revista *Litoral*, dirigida por sus amigos Emilio Prados y Manuel Altolaguirre, algunas composiciones del *Romancero gitano*, libro en el que sigue trabajando.

1927 Comienza a preparar, junto con un grupo de amigos granadinos, la revista *Gallo*, que verá la luz al año siguiente, y que continúa la estela de las publicaciones literarias de vanguardia que se dan en España en esos años. En febrero, Margarita Xirgu le informa que estrenará *Mariana Pineda* ese verano en Barcelona, obra que el poeta le leerá a finales de marzo. Encarga los decorados a Salvador Dalí. En mayo se publica *Canciones* de la mano de la revista *Litoral*. Entre mayo y principios de agosto pasa una larga estancia en Cadaqués, además de visitar Barcelona y Figueres. Conoce al crítico de arte Sebastià Gasch. El 24 de junio estrena en el teatro Goya de Barcelona *Mariana Pineda*. Entre junio y julio inaugura en las galerías Dalmau una exposición dedicada a sus dibujos que será elogiada por Dalí en un artículo publicado por *La Nova Revista*. El 12 de octubre, Margarita Xirgu estrena en Madrid *Mariana Pineda*. Traba amistad con Vicente Aleixandre. En noviembre publica en *Revista de Occidente* la prosa «Santa Lucía y San Lázaro», donde es evidente la influencia ejercida por Dalí. En diciembre pronuncia la conferencia «La imagen poética de don Luis de Góngora» en la

Residencia de Estudiantes. Ese mismo mes viaja a Sevilla junto con un grupo de poetas para homenajear a Góngora. El acto, con la presencia de Rafael Alberti, Dámaso Alonso, Gerardo Diego, Jorge Guillén, José Bergamín, Mauricio Bacarisse y Juan Chabás, supone el nacimiento de la llamada generación del 27. Conoce a Luis Cernuda.

1928   Su relación amorosa con Emilio Aladrén se intensifica en este periodo. Aparece en marzo el primero de los dos números de la revista *Gallo*, que tendrá una réplica en clave de humor llamada *Pavo*, dirigida también por Lorca y sus amigos. Trabaja en la «Oda al Santísimo Sacramento del Altar», que dedicará a Manuel de Falla. En mayo se publica el segundo y último número de *Gallo*. Aparece en las ediciones de la *Revista de Occidente* el *Romancero gitano*, que conocerá pronto un importante éxito. En septiembre aparece en la colección La Farsa *Mariana Pineda*, ilustrada con dibujos del mismo Lorca, y en la revista *L'Amic de les Arts* los textos surrealistas «Nadadora sumergida» y «Suicidio en Alejandría». En octubre dicta en el Ateneo de Granada las conferencias «Imaginación, inspiración, evasión» y «Sketch de la nueva pintura». *Revista de Occidente* edita un largo fragmento de «Oda al Santísimo Sacramento del Altar», que no gustará a Falla. En diciembre pronuncia la conferencia «El patetismo de la canción de cuna española» en la Residencia de Estudiantes de Madrid.

1929   Aparece en *La Gaceta Literaria* la «Degollación de los inocentes», ilustrada por Dalí. En febrero, la dictadura de Primo de Rivera impide el estreno de *Amor de don*

Perlimplín con Belisa en su jardín. En marzo conoce en Madrid al diplomático chileno Carlos Morla Lynch y a su esposa Bebé Vicuña, con quienes mantendrá una gran amistad hasta el punto de ser un asiduo de sus salones. Aparece la segunda edición de *Canciones*. El 27 de marzo se escapa de incógnito a Granada para participar en la procesión de la cofradía de la Alhambra vestido de penitente. Está viviendo una profunda crisis sentimental por su ruptura con Emilio Aladrén que le hará tomar la decisión de huir del país. En abril, Margarita Xirgu presenta en el teatro Cervantes de Granada *Mariana Pineda*. Unos días más tarde se le dedicará al poeta y a la actriz un banquete-homenaje en el hotel Alhambra Palace de Granada. El 13 de junio sale de España, acompañado de Fernando de los Ríos, con destino a Nueva York. Primero pasan brevemente por París, donde visita el Louvre y se reúne con Mathilde Pomès. Se trasladan a Londres, donde se encuentra con Salvador de Madariaga. El 19 de junio zarpan en Southampton, en el buque *Olympic*, hacia Nueva York, donde llegan el día 26. Lorca se hospeda en la residencia Furnald Hall de la Universidad de Columbia. Queda impresionado por Nueva York y en agosto empezará a escribir los primeros poemas sobre la ciudad. Se encuentra con amigos como Dámaso Alonso, Gabriel García Maroto, León Felipe y José Antonio Rubio Sacristán. Pasa una breve temporada en Vermont invitado por su amigo Philip Cummings. Allí escribirá *Poema doble del lago Eden* y trabajará con Cummings en la traducción al inglés de *Canciones*. El 20 de septiembre se muda al John Jay Hall, de la Universidad de Columbia. Frecuenta los clubes de jazz, visita Harlem y se sumerge en las últimas tendencias cinematográficas del momento. Escribe el guion de la película *Viaje a la luna* con la ayuda del mexicano Emilio Amero, una respuesta a *Un chien andalou* de Buñuel y Dalí. En noviembre se hunde la bolsa de Nueva York, hecho del que será testigo.

1930 Trabaja en los poemas que más adelante formarán parte del libro póstumo *Poeta en Nueva York*. Invitado por la Institución Hispano-Cubana de Cultura, en marzo abandona Nueva York y emprende un viaje a Cuba, donde pasará tres meses pronunciando varias conferencias, así como recitando sus poemas. Durante su estancia en La Habana trabaja en la obra teatral *El público*, tal vez iniciada en Nueva York. Pronuncia entre marzo y abril las conferencias «La mecánica de la poesía», «Paraíso cerrado para muchos, jardines abiertos para pocos», «Canciones de cuna españolas», «La imagen poética de don Luis de Góngora» y «La arquitectura del cante jondo». Trabaja en dos poemas que formarán parte de *Poeta en Nueva York*: «Oda a Walt Whitman» y «Son de negros en Cuba». En junio parte de vuelta a España. En Granada concluye *El público*. En octubre está de vuelta en Madrid, donde concede una entrevista a Miguel Pérez Ferrero para el *Heraldo de Madrid*. En diciembre, Margarita Xirgu estrena con éxito *La zapatera prodigiosa* en el Teatro Español, con figurines y decorados del propio Lorca. Lee en la casa de los Morla *El público*, que recibirá una fría acogida.

1931 En enero aparecen poemas del ciclo neoyorquino en *Revista de Occidente*. En marzo, la discográfica La Voz de su Amo lanza el primero de cinco discos de la serie

«Canciones populares antiguas», armonizadas e interpretadas al piano por Federico García Lorca y cantadas por La Argentinita. Es la única grabación sonora del poeta. Celebra la proclamación de la Segunda República. En mayo se publica *Poema del cante jondo* en la editorial Ulises. El 19 de agosto pone punto y final en Granada a la obra teatral *Así que pasen cinco años*. Comienza a trabajar en los poemas de *Diván del Tamarit*. El Gobierno de la República impulsa la creación de La Barraca, la compañía de teatro universitario que, dirigida por Lorca y Eduardo Ugarte, llevará los clásicos escénicos españoles por numerosos pueblos durante cuatro años.

1932 En febrero traba amistad con Eduardo Rodríguez Valdivieso, con quien mantendrá una breve relación sentimental. El 16 de marzo realiza una lectura comentada de los poemas de su ciclo neoyorquino en Madrid, recital que repetirá en los siguientes meses, invitado por el Comité de Cooperación Intelectual, en ciudades como Valladolid, Sevilla, Salamanca, La Coruña, Santiago, San Sebastián y Barcelona. Visita en Salamanca a Miguel de Unamuno. El 26 de junio colabora con ocho dibujos en una exposición colectiva organizada en el Ateneo Popular de Huelva por su amigo José Caballero. En julio sale por primera vez La Barraca, que actúa en pueblos de Soria. Entre agosto y septiembre, se produce la segunda gira de La Barraca por Galicia y Asturias. En septiembre, lee su obra de teatro *Bodas de sangre* en la casa de los Morla. En noviembre, dicta su conferencia en homenaje a la pintora María Blanchard. Escribe algunos de sus *Seis poemas galegos* con la ayuda de Carlos Martínez Barbeito.

1933   El 8 de marzo estrena *Bodas de sangre* en el teatro Beatriz de Madrid la compañía de Josefina Díaz de Artigas, con decorados de Santiago Ontañón y Manuel Fontanals. El éxito es total y se confirma como una de las principales voces dramáticas del momento. El 5 de abril el club teatral Anfistora, dirigido por Pura Ucelay, estrena en el Teatro Español *Amor de don Perlimplín con Belisa en su jardín*, así como una nueva versión de *La zapatera prodigiosa*. El 1 de mayo aparece su firma en el manifiesto antifascista de la revista *Octubre*. El 29 de julio Lola Membrives estrena en Buenos Aires *Bodas de sangre*, con tanto éxito que la actriz invita a Lorca a que viaje a Argentina ese otoño. El poeta vive una relación sentimental con Rafael Rodríguez Rapún, secretario de La Barraca, compañía que sigue sus giras por pueblos de España. Se publica en México una edición limitada de la «Oda a Walt Whitman». El 29 de septiembre embarca, acompañado del escenógrafo Manuel Fontanals, en el *Conte Grande* con destino a Buenos Aires, donde atracan el 13 de octubre. En el barco trabaja en el manuscrito de la obra teatral *Yerma* y en la conferencia «Juego y teoría del duende». La estancia en Argentina será un indiscutible éxito tanto personal como económico. Es invitado a dar varias conferencias, sus obras se representan y llenan los teatros de la capital con gran aclamación de público, hasta el punto que *Bodas de sangre* supera el centenar de representaciones. Participa en la vida cultural de la ciudad de la mano de amigos como Pablo Neruda, Oliverio Girondo, Ricardo Molinari o Victoria Ocampo, quien publicará una nueva edición del *Romancero gitano*.

1934   En enero, Lola Membrives estrena en el teatro Avenida de Buenos Aires *Mariana Pineda*. Entre enero y febrero visita Montevideo, donde dicta algunas conferencias y visita la tumba de su amigo, el pintor Rafael Pérez Barradas. En marzo trabaja en su adaptación de *La dama boba*, de Lope de Vega, con Eva Franco como protagonista. El 27 de marzo zarpa en el *Conte Biancamano* con destino a España, donde llega el 11 de abril. El 11 de agosto es corneado en Manzanares el torero Ignacio Sánchez Mejías, que morirá dos días más tarde. Continúan las representaciones de La Barraca en Santander y Palencia. Trabaja en el *Diván del Tamarit* y da los últimos retoques a *Yerma*. En noviembre ofrece la primera lectura de *Llanto por Ignacio Sánchez Mejías* en la casa de sus amigos los Morla. El 29 de diciembre, la compañía de Margarita Xirgu estrena *Yerma* en el Teatro Español de Madrid con un gran éxito de público y crítica.

1935 En enero trabaja en las obras de teatro *Doña Rosita la soltera o el lenguaje de las flores* y *La destrucción de Sodoma*. En febrero se estrena en el Neighborhood Playhouse de Nueva York *Bitter Oleanders*, una traducción al inglés de *Bodas de sangre*. El 3 de febrero pronuncia su «Charla sobre el teatro» en el Teatro Español, coincidiendo con una representación especial de *Yerma*. El 18 de marzo se reestrena *La zapatera prodigiosa* en versión ampliada y dirigida por el propio poeta en el Coliseum de Madrid. Durante esos días hay tres obras suyas en cartel por todo Madrid. En abril, con motivo de la Semana Santa, viaja a Sevilla invitado por Joaquín Romero Murube. Allí lee *Llanto por Ignacio Sánchez Mejías*, libro que publica ese año en las ediciones de la revista *Cruz y Raya* de José Bergamín, con ilustraciones de José Caballero. Lo visita en la huerta de san Vicente el poeta gallego Eduardo Blanco-Amor, quien toma algunas de las fotografías más conocidas del poeta. En junio, durante la Feria del Libro, aparece la quinta edición del *Romancero gitano*. Con motivo de la feria, dirige *El retablillo de don Cristóbal* en el guiñol La Tarumba. En otoño se traslada a Barcelona, donde pasará una temporada que supondrá todo un éxito: Margarita Xirgu lidera una nueva producción de *Bodas de sangre* y estrena *Doña Rosita la soltera o el lenguaje de las flores*. Se reencuentra con Salvador Dalí. Trabaja en los llamados *Sonetos del amor oscuro*. Se publica *Seis poemas galegos* en la editorial Nos de Santiago de Compostela.

1936   En enero se publican *Bodas de sangre* en las Ediciones del Árbol, y *Primeras canciones*, en las ediciones de la revista *Héroe*, dirigida por Concha Méndez y Manuel Altolaguirre. El 9 de febrero participa en un homenaje a Rafael Alberti. El 14 de febrero participa en el homenaje póstumo a Ramón del Valle-Inclán en el teatro de la Zarzuela, en Madrid. El 15 de febrero firma un manifiesto de intelectuales a favor del Frente Popular, que ganará las elecciones al día siguiente. Trabaja en las obras teatrales *Los sueños de mi prima Aurelia* y *El sueño de la vida* (también llamada *Comedia sin título*), además de concluir *La casa de Bernarda Alba*. El club teatral Anfistora comienza a ensayar *Así que pasen cinco años*, con la colaboración del poeta. Allí conocerá a Juan Ramírez de Lucas, tal vez el último amor conocido del poeta. El 10 de junio aparece una larga entrevista con Luis Bagaría en *El Sol*. Participa en un homenaje a Hernando Viñes y en otro a Luis Cernuda con motivo de la publicación de *La realidad y el deseo*. Proyecta viajar a México, donde Margarita Xirgu quiere estrenar algunas de sus obras. Antes viaja a Granada, asustado al enterarse de que ha sido asesinado el político derechista José Calvo Sotelo en Madrid. El día de su santo, el 18 de julio, escribe a Juan Ramírez de Lucas una larga carta. Ese mismo día estalla la Guerra Civil, y en Granada se instaura un régimen de terror. El 9 de agosto pide ayuda a su amigo Luis Rosales tras haber sido amenazado en la huerta de san Vicente. La madrugada del 15 al 16 de agosto es fusilado su cuñado, Manuel Fernández Montesinos, último alcalde democrático de Granada. La tarde del 16 de agosto, sobre las cinco de la tarde, un grupo de hombres armados, encabezados por el diputado de la CEDA Ramón Ruiz Alonso, lo detienen en la casa de los Rosales. Es conducido al Gobierno Civil, donde se pierde su rastro. El gobernador civil José Valdés da la orden para que sea ejecutado. El 17 de agosto es fusilado en algún lugar entre Víznar y Alfacar junto con otras tres víctimas: Dióscoro Galindo González, Francisco Galadí Melgar y Joaquín Arcollas Cabezas. Sus asesinos, la mañana siguiente, celebran el crimen en el bar Fútbol de Granada.

Víctor Fernández

Del amor

Teatro de animales
Poema dramático

(La escena representa un sendero lleno de tranquilidad.)

I

LA PALOMA y EL CERDO

PALOMA. *(Moviendo dulcemente las alas.)* ¡La mañana está hermosísima! Qué sendero tan tranquilo. Se diría que la tierra no está habitada más que por palomas. ¡Y luego este sol! Este sol tan tibio y tan agradable; así da gusto de volar.

> *(Un* CERDO *viejo, cariacontecido,*
> *llega penosamente por la senda.)*

CERDO. Buenos días, palomita, ¿se toma el sol?
PALOMA. Así parece, abuelo cerdo, sin el sol no viviríamos las palomas.
CERDO. Ni nadie.
PALOMA. Ah, estáis muy equivocado, abuelo. Desde luego los rayos del sol son la causa de que todo fructifique. Sin él la tierra sería un erial imposible de vivir. Su tibieza y su

ritmo bañan a todas las cosas por igual. Nuestras almas son las melodías de la vida y él es la harmonía total. Entre los hombres hay algunos que tienen la preciosa facultad de adivinar el alma de las cosas. Se llaman artistas. Algunos han sido amigos míos...

CERDO. Perdona, pero no sé qué tenga que ver...

PALOMA. Mucho, querido abuelo... Lo mismo que los artistas interpretan el cielo azul, las flores, las aguas... nosotras las palomas adivinamos el alma del sol, sentimos más que nadie sobre la tierra su caricia de oro, su silencio y sus cantos...

CERDO. Tú eres un alma lírica y admirable que ha volado mucho y lo has aprovechado, pero yo, hija mía, a pesar de ser viejísimo y haber logrado escapar de la terrible gula de los hombres, no sé adivinar como tú los secretos del sol. Y no es culpa mía, bien lo sabe el Gran cerdo que está en los cielos, pero tengo unos ojos tan defectuosos que los rayos del sol me irritan en vez de darme consuelo y bienestar. Además, que nunca he tenido lugar de ocuparme de esas cosas espirituales... Desgraciadamente, los de mi raza tenemos siempre sobre nosotros la sangrienta amenaza del hombre... El hombre es cruel...

PALOMA. El hombre es cruel porque la crueldad está en todas las criaturas y en unas se agudiza más que en otras.

CERDO. La crueldad existirá, pero nunca en ti; tú eres limpia de todo mal.

PALOMA. No digas eso nunca. ¿Quién no te dice que la hormiguita que me sirve de alimento sea una buena madre de familia de las que sacan a sus hijitos a tomar el sol y a oír cantar a los ruiseñores? Oh sí, todos somos crueles, crueles por naturaleza. Vamos a ver, ¿el sol no es bueno para todas las cosas?

CERDO. Eso parece.

PALOMA. Pues, sin embargo, tenemos en cierta época que escondernos de sus miradas porque nos darían la muerte... tanta es su fuerza y su luz...

CERDO. Sin embargo, cada cual habla en la feria como le va en ella. Yo sostengo mi pobre opinión. El hombre es el mal personificado, en él no existen sino sentimientos ruines y rastreros.

PALOMA. Creo que exageras. Él posee un espíritu inmortal que...

CERDO. Déjame que hable, palomita: ten en cuenta que he vivido mucho tiempo entre ellos y he tenido ocasión de observar sus maldades. ¡Si tú supieras lo que yo he sufrido! ¡Lo que he llorado en la sombra de mi pocilga... y lo que me queda de sufrimiento!

PALOMA. ¡Pobre abuelo cerdo, se os conoce muy bien lo que habéis penado! Estáis tan flaco que parecéis un perro vagabundo de esos que se mueren en los muladares sin que nadie recoja su último suspiro...

CERDO. Dices bien, hija mía, pero gracias a esta flaqueza material he podido salvar mi vida. Pero más me valía haber muerto de niño o no haber nacido.

PALOMA. Vamos, ¡no lloréis de esa manera! ¡Mirad la senda y el cielo y los árboles, qué paz tan intensa respiran! Se impone el ser feliz...

CERDO. Ojalá pudiera serlo, pero ya es demasiado tarde y tengo el corazón destrozado, que también los cerdos tenemos corazón, aunque los hombres no lo crean... Mira que más pena que no haber conocido a mi madre... A poco de nacer los hombres la asesinaron para comérsela. Éramos siete hermanos que fueron repartidos en distintas casas. A mí me crió una marrana que había sido amiga de mi madre y que me enseñó a respetar su memoria. Esta marrana tenía cuatro hijitos junto con los cuales crecí y a quienes quise mucho. Por las noches, cuando todo se quedaba muy obscuro y no se sentía ruido alguno en el campo, mi madrastra se tumbaba todo lo larga que era y mostrándonos sus tetas temblorosas e hinchadas nos decía: «¡Mamad, hijitos!». Nosotros, atropellándonos los unos a los otros y locos de contento, sorbíamos con nuestros hociquitos la leche dulce y caliente quedándonos dormidos al son emocionante del gruñido maternal. ¡Éramos tan felices...! Una noche mi madrastra enseñándonos la dulzura de sus ubres nos dijo muy tristemente: «Hijos míos, ha llegado la hora en que debo de servir de pasto a los hombres. Desgraciadamente, este mismo fin tendréis vosotros. Nuestra raza está condenada a este horrible suplicio hasta tanto no baje a redimirla Aquel que está en los cielos y de cuya misericordia no hay que dudar. Sed muy buenos y acordaos mucho de mí, que el amor de los padres no debe olvidarse nunca. Mamad por última vez y descansad». Los ojos de mi madrastra estaban arrasados en lágrimas, de su hocico tembloroso manaba una espuma sanguinolenta.

PALOMA. Pobrecita.

CERDO. Nosotros empezamos a gruñir, y besando su vientre y su lomo estábamos como locos. Ya en la madrugada, el gallo, que era viejo amigo de mi madrastra, cantó muy fuertemente, diciendo: «¡Ya van por ti! ¡Ya van por ti!». Y sentíamos llorar a las gallinas con su llanto sordo como si temieran ser oídas. Una de ellas decía: «¿Cuándo terminará nuestra esclavitud?», y otra respondía: «Hasta que Aquel que está en los cielos no tenga la plenitud de la misericordia». Y el gallo cada vez más fuerte: «¡Ya van por ti! ¡Ya van por ti!».

PALOMA. ¡Es horrible, horrible!

CERDO. Después se abrió la puerta de la pocilga y entraron dos hombres terribles. Uno de ellos tenía un cuchillo en la mano y el traje ensangrentado. El otro llevaba un fuerte cordel con el que ató a mi madre por una de sus patas... Afuera se sentía un gran trajín, risas de niños, cantares de mozas y el triste llanto de las gallinas. Mi madrastra fue llevada a tirones hasta la puerta. La pobre gruñía sordamente, pero cuando quisieron sacarla fuera de la pocilga y oyó nuestras súplicas desesperadas y nuestra congoja irremediable sus lamentos fueron desgarradores. Con la cabeza levantada resistía a los hombres que la arrastraban. Entonces yo sentí como si una mano me arrancara el corazón. Yo hubiera querido poder hablar como ellos para haberlos movido a compasión, pero todo hubiera sido inútil, ya mi madrastra estaba fuera de la pocilga. Después de un silencio angustioso, la sentimos otra vez gritar fuertemente, desesperadamente, con un grito agudo que se fue apagando con lentitud. Era la muerte. Luego se oyeron muchas risas y un sonar de guitarras... Mis hermanos y yo refugiados en el fondo de la zahurda llorábamos amargamente... ¡Era tan buena...! Y recordábamos las noches pasadas junto a ella, mamando su leche dulcísima y caliente, recordábamos sus besos y sus mordiscos cariñosos, sus sabios consejos y sus cantos adormecedores. Todo había desaparecido para siempre. En esto entró a visitarnos una gallina vieja, a la que dejara tuerta un hijo del amo, y dirigiéndose a nosotros nos picó amorosamente llorando sin consuelo. «¡Malditos sean! ¡Malditos sean!», decía, «¡nos roban la felicidad! Hijos míos, no llorad más. ¡Ella ya estará descansando, no así nosotros, que quedamos para el sufrimiento!». Inmediatamente después sentimos al perro de la casa que celebraba con cantos la muerte de mi madrastra. La gallina, poniéndose seria, exclamó: «Y maldito él también, amigo del hombre y enemigo nuestro». Era la hora del amanecer y a lo lejos sonaron las campanas. Desde entonces odio a los hombres y a los perros.

PALOMA. Tienes razón en lo que dices por decirlo tú. Yo tengo que decir lo contrario. El hombre me hizo símbolo de su amor, símbolo de su Dios. Yo llevo la sabiduría, yo soy como la luz. A pesar de todo, el hombre me es indiferente, ni lo amo ni lo odio. ¡Hay tantas cosas por encima de él!

CERDO. Tú misma que eres pura e inmortal.

PALOMA. Mortal como tú, abuelo cerdo.

CERDO. De ninguna manera lo pienses. Tú sabes recibir al sol sobre tu pluma inmaculada y adivinar su alma única, tú que vuelas hasta perderte en el azul, tú que sabes amar como nadie no puedes desaparecer. Si has logrado un solo instante de felicidad alcanzarás la inmortalidad, porque el que ha bañado su alma tan sólo un momento en la quietud de la perfección no podrá perecer.

PALOMA. Entonces ¡también puedes ser inmortal!

CERDO. ¿Yo? Nunca. Desde que nací viví en el fango.

PALOMA. No importa, abuelo. El fango es en vosotros como en mí el aire y el nido de pajas.

CERDO. Pero siempre es fango... Yo pude haber sido bueno y tranquilo, pero el hombre me impidió que [lo] fuese. Hoy tengo el alma llena de odio. No podré ser feliz.

PALOMA. ¿Quién os enseñó a pensar tan tristemente? La vida es hermosa.

CERDO. A pensar aprendí a fuerza de sufrir, y la idea de nuestra negrura interior me la reveló una vieja marrana, filósofa escéptica que vive retirada en el bosque.

PALOMA. Hay que tranquilizarse. Aún puedes ser feliz.

CERDO . Ya es casi imposible.

(En la senda hay un silencio impenetrable.
El cielo se adormece soñadoramente en su color azul.)

PALOMA. A todo esto, abuelo cerdo, no te he preguntado dónde vas. ¿Viajas por gusto o vas a algún negocio de urgencia?

CERDO. Me han dicho que todos los animales se reúnen en asamblea magna para tratar de combatir al hombre y me he puesto en camino. Tengo mucho que contarles...

PALOMA. Precisamente allá voy yo también.

CERDO. Viajaremos juntos, así pasaremos mejor el camino.

PALOMA. ¿Vos creéis, abuelo cerdo, que será de alguna utilidad para los animales el reunirse a luchar contra el hombre?

CERDO. De indudable utilidad...

PALOMA. Sin embargo, yo [creo] que no conseguiremos nada absolutamente. Vuestras pasiones son formidables y es probable que os hiráis unos a los otros antes de haber hecho daño a los hombres... además, ¿para qué?

CERDO. ¿Cómo que para qué? Estamos oprimidos, humillados, no podemos ni sentir ni pensar por nuestra cuenta. En todas las cosas vemos las huellas odiosas de su civilización. Hay que destruirlo o hacerlo nuestro esclavo. Ya es hora de que vivamos en paz.

PALOMA. Está el cielo hermosamente azul, siento un deseo vehemente de hundirme en él para siempre.

CERDO. Y en nuestro alimento mejoraremos y en nuestra guarida también.

PALOMA. ¡Qué hermosura de sol! ¡Para mí se hizo su luz! La luz es mi vida.

CORO DE CIGARRAS. ¡Luz, luz, no nos atormentes más! ¡Ah, dioses implacables, libradnos del canto y del fuego del sol! ¡Oh, silencio admirable, danos tus mantos de sombra...!

(Por la senda llega un ASNO *lentamente.)*

ASNO. Tu propia luz sea contigo, paloma santa. Salud, hermano cerdo.

(*La* PALOMA *bate las alas y el* CERDO *inclina la cabeza.*)

ASNO. ¿Os dirigís hacia la asamblea?

PALOMA. Allí caminamos.

CERDO. ¿Tú tienes mucho que contar?

ASNO. He sufrido tanto que aunque estuviera hablando mil días no podría contar todos mis dolores. Pero yo voy a la asamblea por compromiso.

CERDO. Explícate.

ASNO. Quiero decir que voy a la asamblea contra mi gusto. Creo que no se sacará nada en claro... y lo que es por mí pueden las cosas continuar como están. Soy sumiso y bueno, comprendo que he nacido para soportar y para sufrir. A pesar de todo, siento por el hombre cierto afecto, que aunque muchas veces me moliera a palos otras veces, en cambio, acarició mi fosca crin. El hombre es, además, mucho más inteligente que nosotros. Por algo Dios lo hizo rey de la creación.

CERDO. Mi voz en esa asamblea será de rebeldía, de odio. Procuraré vengar a mi raza y abogaré por la esclavitud del hombre.

ASNO. Ten cuidado en lo que dices, su Dios nos castigaría.

CERDO. Mientes, ese Dios de los hombres no existe, lo han inventado ellos.

ASNO. Calla, por favor, que yo no oiga tus palabras de odio. Precisamente mi raza tiene la gloria de haberlo servido y alabado. Ese Dios cabalgó sobre una antepasada mía una mañana de primavera cuando entró en su ciudad. A mi madre le oí contar que la voz de ese Dios era más dulce que el heno verde.

CERDO. ¡Leyendas! ¡Leyendas!

PALOMA. ¡Tranquilizaos! ¡Está el cielo tan azul!

ASNO. Mejor será que nos callemos.

CERDO. Mejor será. *(Entre dientes.)* Cobarde...

(En un álamo verde está parado un RUISEÑOR.*)*

PALOMA. Ruiseñor, ¿no vienes con nosotros a la asamblea?

RUISEÑOR. ¿Es una asamblea de canto?

CERDO. No está el tiempo para tratar de cantos y esas zarandajas. Se tratará de la destrucción o la esclavitud del hombre. De modo que vamos y no te andes con rodeos.

PALOMA. Vente con nosotros.

RUISEÑOR. De ninguna manera, no me interesa.

CERDO. Porque tienes más libertad que nosotros. ¡Oh, dichosas alas! Pero eres egoísta...

RUISEÑOR. Yo desentonaría en una fiesta de odio. Vivo sólo para el amor.

CERDO. Si tuviera alas vendrías a la fuerza.

RUISEÑOR. Es que... *(Aparte, a la* PALOMA.*)* ¿Quién es ese que así me habla?

PALOMA. Es el cerdo.

RUISEÑOR. ¡Qué ruin bellaco!

PALOMA. Es un fracasado.

ASNO. No nos detengamos, que aún falta mucho para llegar.

CERDO. Prosigamos.

PALOMA. ¡Qué hermoso cielo azul!

RUISEÑOR. Sea mi corazón lleno de luz. ¡Oh, canto divino...! Las estrellas se han formado con cantos petrificados de mi raza. Yo soy el sentido musical del viento. Mi canto es luz, color. Cada nota que sale de mi garganta es una perla que tiembla entre los rayos de la luna. Sobre la noche oscura mis canciones son gotas de luz. El primer ruiseñor cayó del azul. De agua y de sombra es mi garganta.

(El viento hace temblar las hojas de los árboles y los trigales casi maduros.)

(En el silencio suena el CORO DE CIGARRAS.*)*

CORO DE CIGARRAS. ¡Luz, luz, no nos atormentes más! ¡Oh, dioses implacables, libradnos del canto y del fuego del sol! ¡Oh, silencio admirable, danos tus mantos de sombra!

(Vuela la PALOMA *a lo lejos y el* ASNO *y el* CERDO *van despertando el polvo del camino al marchar.)*

(Telón.)

2 de marzo de 1919

El maleficio de la mariposa

Comedia en dos actos y un prólogo

Personajes

PRÓLOGO

CURIANITO EL NENE

CURIANITA SILVIA

MARIPOSA

DOÑA CURIANA

CURIANA NIGROMÁNTICA

DOÑA ORGULLOS

CURIANITA SANTA

ALACRANCITO EL CORTAMIMBRES

GUSANO DE LUZ 1.º

GUSANO DE LUZ 2.º

GUSANO DE LUZ 3.º

CURIANA CAMPESINA 1.ª

CURIANA CAMPESINA 2.ª

DOS CURIANAS CAMPESINAS

CURIANA GUARDIANA

DOS CURIANITAS NIÑAS

Prólogo

Señores: La comedia que vais a escuchar es humilde e inquietante. Comedia rota del que quiere arañar a la luna y se araña su corazón. El amor, lo mismo que pasa con sus burlas y sus fracasos por la vida del hombre, pasa, en esta ocasión, por una escondida pradera poblada de insectos donde hacía mucho tiempo era la vida apacible y serena. Los insectos estaban contentos, sólo se preocupaban de beber tranquilos las gotas de rocío y de educar a sus hijuelos en el santo temor de sus dioses. Se amaban por costumbre y sin preocupaciones. El amor pasaba de padres a hijos como una joya vieja y exquisita que recibiera el primer insecto de las manos de Dios. Con la misma tranquilidad y la certeza que el polen de las flores se entrega al viento, ellos gozaban del amor bajo la hierba húmeda.

Pero un día... hubo un insecto que quiso ir más allá del amor. Se prendó de una visión de algo que estaba muy lejos de su vida... Quizá leyó con mucha dificultad algún libro de versos que dejó abandonado sobre el musgo un poeta de los pocos que van al campo, y se envenenó con aquello de «yo te amo, mujer imposible». Por eso, yo os suplico a todos que no dejéis nunca libros de versos en las praderas, porque podéis causar mucha desolación entre los insectos. La poesía que pregunta por qué se corren las estrellas es muy dañina para las almas sin abrir... Inútil es deciros que el enamorado bichito se murió. ¡Y es que la Muerte se disfraza de Amor! ¡Cuántas veces el enorme esqueleto portador de la guadaña, que vemos pintado en los devocionarios, toma la forma de una mujer para engañarnos y abrirnos las puertas de su sombra! Parece que el niño Cupido duerme muchas veces en las cuencas vacías de su calavera. ¡En cuántas antiguas historietas una flor, un beso o una mirada hacen el terrible oficio de puñal!

Un viejo silfo del bosque escapado de un libro del gran Shakespeare, que anda por los prados sosteniendo con unas muletas sus alas marchitas, contó al poeta esta historia oculta en un anochecer de otoño, cuando se fueron los rebaños, y ahora el poeta os la repite envuelta en su propia melancolía. Pero antes de empezar quiero haceros el mismo ruego que a él le hizo el viejo silfo aquel anochecer de otoño, cuando se fueron los rebaños. ¿Por qué os causan repugnancia algunos insectos limpios y brillantes que se mueven graciosamente entre las hierbas? ¿Y por qué a vosotros los hombres, llenos de pecados y de vicios incurables, os inspiran asco los buenos gusanos que se pasean tranquilamente por la pradera tomando el sol en la mañana tibia? ¿Qué motivo tenéis para despreciar lo ínfimo de la Naturaleza? Mientras que no améis profundamente a la piedra y al gusano no entraréis en el reino de Dios. También el viejo silfo le dijo al poeta: «Muy pronto llegará el reino de los animales y de las plantas. El hombre se olvida de su creador, y el animal y la planta están muy cerca de su luz. Di, poeta, a los hombres que el amor nace con la misma intensidad en todos los planos de la vida, que el ritmo que tiene la hoja mecida por el aire tiene la estrella lejana, y que las mismas palabras que dice la fuente en la umbría las repite con el mismo tono el mar. Dile al hombre que sea humilde. ¡Todo es igual en la Naturaleza!». Y nada más habló el viejo silfo. Ahora, escuchad la comedia. Tal vez sonriáis al oír hablar a estos insectos como hombrecitos, como adolescentes. Y si alguna honda lección sacáis de ella, id al bosque para darle las gracias al silfo de las muletas, un anochecer tranquilo, cuando se hayan marchado los rebaños.

Acto primero

La escena representa un prado verde y humilde bajo la sombra densa de un gran ciprés. Una veredita casa invisible borda sobre la hierba un ingenuo arabesco. Más allá del pradito, una pequeña charca rodeada de espléndidas azucenas y unas piedras azules... Es la hora casta del amanecer y todo el prado está cubierto de rocío... A la vera del caminito se ven las madrigueras de los insectos como un minúsculo y fantástico pueblo de cuevas. De su casa sale DOÑA CURIANA *con un manojito de hierbas a guisa de escoba. Es una cucaracha viejísima, a la que falta una de sus patas, que perdió a consecuencia de un escobazo que le dieron en una casa donde se alojaba siendo todavía joven y reluciente. Los martillos formidables de la aurora ponen al rojo la plancha fría del horizonte.*

ESCENA I

DOÑA CURIANA, CURIANA NIGROMÁNTICA

DOÑA CURIANA. *(Asomándose al prado.)*
      ¡Mañana clara y serena!
      Ya rompe el primer albor.

CURIANA NIGROMÁNTICA. *(Con un cucurucho bordado de estrellas y un manto de musgo seco.)* Que Dios te bendiga, ¡oh, vecina buena!

DOÑA CURIANA. ¿Dónde vais, señora, de rocío llena?

CURIANA NIGROMÁNTICA.

Vengo de soñar que yo era una flor
hundida en la hierba.

DOÑA CURIANA. ¿Cómo soñáis eso?

CURIANA NIGROMÁNTICA.

Sueño que las dulces gotas de rocío
son labios de aurora que me dejan besos
y llenan de estrellas mi traje sombrío.

DOÑA CURIANA. *(Regañona.)* Mas pensad, señora, que por la poesía...

CURIANA NIGROMÁNTICA. *(Tristemente.)* ¡Ay, Doña Curiana, qué vais a decir!

DOÑA CURIANA.

Pudierais coger una pulmonía
que hiciera pedazos su sabiduría.
Tendríamos todas mucho que sentir.

CURIANA NIGROMÁNTICA.

Mi alma tiene grave tristeza, ¡vecina!
Me dijo ayer tarde una golondrina:
«Todas las estrellas se van a apagar».
Dios está dormido. Y en el encinar
vi una estrella roja toda temblorosa
que se deshojaba como enorme rosa.
La vi perecer
y sentí caer
en mi corazón
un anochecer.
«Amigas cigarras —grité—, ¿veis la estrella?»
«Un hada se ha muerto», respondieron ellas.

Fui junto a los troncos del viejo encinar
y vi muerta el hada del campo y del mar.

DOÑA CURIANA. ¿Quién la mataría?

CURIANA NIGROMÁNTICA. La mató el amor.

DOÑA CURIANA. Mirad cómo quiebra el primer albor.

CURIANA NIGROMÁNTICA. ¿Y vuestro buen hijo, cómo sigue?

DOÑA CURIANA. Bien.

CURIANA NIGROMÁNTICA. Ayer le vi triste.

DOÑA CURIANA.
Lo noté también:
anda enamorado.

CURIANA NIGROMÁNTICA. De Silvia quizá.

DOÑA CURIANA. Según él, es de algo que nunca tendrá.

CURIANA NIGROMÁNTICA.
Va a ser un poeta, y no es nada extraño:
su padre lo fue.

DOÑA CURIANA.
Un gran desengaño
me llevé con él.

CURIANA NIGROMÁNTICA. ¡Era un corazón!

DOÑA CURIANA. ¡Ay!, apaleaba mi caparazón.

CURIANA NIGROMÁNTICA. Pero conservaba siempre el troje lleno.

DOÑA CURIANA. Mas eso no impide que fuera muy bueno.

CURIANA NIGROMÁNTICA.
En fin, callaremos. Yo mucho le amé.
¿Y esa pierna coja?

DOÑA CURIANA.
Anoche noté
el ruin dolorcillo que tanto me irrita.

CURIANA NIGROMÁNTICA.
Poneos las hojas de una margarita,

lavaos con rocío y no andéis. Tomad
estos polvos santos de cráneo de hormiga,
tomadlos de noche con mastranzo.

DOÑA CURIANA.

Amiga,
que el gran Cucaracho os pague en amor
y que en vuestros sueños os convierta en flor.

(Acariciadora.)

Desechad tristeza y melancolías.
La vida es amable, tiene pocos días,
y tan sólo ahora la hemos de gozar.

CURIANA NIGROMÁNTICA. *(Como soñando.)* Todas las estrellas se van a apagar.

DOÑA CURIANA.

No penséis en eso, vecina doctora,
mirad la alegría que nos trae la aurora.

CURIANA NIGROMÁNTICA. ¡Ay, lo que yo vi junto al encinar!

DOÑA CURIANA. No pensar en eso, idos a acostar...

CURIANA NIGROMÁNTICA. *(Volviendo a la realidad en una
brusca transición.)*

El prado está silencioso.
Ya parte el rocío a su cielo ignorado,
el viento rumoroso
hasta nosotros llega perfumado.

DOÑA CURIANA.

¿También sois poeta, doctora vecina?
Nosotras, las pobres, con nuestra cocina
tenemos bastante.

CURIANA NIGROMÁNTICA. No seas vulgar.

DOÑA CURIANA. *(Un poco disgustada.)*

En mi clase todas sabemos cantar
y chupar las flores. ¡Qué os habéis creído!

CURIANA NIGROMÁNTICA.
Con razón te daba palos tu marido:
cocina y poesía se pueden juntar.
Hasta luego, amiga, voy a descansar.

(Se va.)

DOÑA CURIANA.
Que la luz os guíe. Yo voy a barrer
mi puerta con brisa del amanecer.
(Se pone a barrer cantando.)
Un gusanito me dijo
ayer tarde su querer:
no lo quiero hasta que tenga
dos alas y cuatro pies.

ESCENA II

DOÑA CURIANA, CURIANITA SILVIA

Por el lado izquierdo de la escena llega la CURIANITA SILVIA, *arrogante y madrugadora.* SILVIA, *en su clase de insecto repugnante, es encantadora; brilla como el azabache y sus patas son ágiles y delicadas. Es hija de* DOÑA ORGULLOS, *Curiana que cuenta más de un año de edad, y es el mejor partido del pueblo. Trae una diminuta margarita a guisa de sombrilla, con la que juega graciosamente, y se toca de un modo delicioso con el caparazón dorado de una teresica.*

DOÑA CURIANA.

> Madrugadora venís,
> niña encantadora y bella.

CURIANITA SILVIA.

> ¿Niña, me decís? Ha tiempo
> que ya salí de la escuela.

DOÑA CURIANA.

> ¿Os molestáis porque os llamo
> niña? Pues diré doncella
> o doncellita.

CURIANITA SILVIA. *(Coquetonamente.)* No es eso.

DOÑA CURIANA. ¿Qué os pasa entonces?

CURIANITA SILVIA.

> Tristezas
> que estoy pasando
> sin que nadie se dé cuenta.

DOÑA CURIANA.

> Tan joven y ya tan triste.
> ¡Bueno que lo esté esa vieja
> de la Nigromanta! Vos
> aún sois demasiado nueva
> y nada os falta en el mundo.

CURIANITA SILVIA. *(Ingenuamente.)* No he visto más que
esta tierra.

DOÑA CURIANA. *(Pensativa.)*

> ¿Os ha dicho la doctora
> que se apagan las estrellas
> porque se había muerto un hada
> o no sé qué... lo que cuenta?

CURIANITA SILVIA. Nada me dijo.

DOÑA CURIANA.

> Entonces
> ¿por qué tenéis la tristeza

que os consume y os marchita?
¿De qué sufrís?

CURIANITA SILVIA.

¡Ay, abuela!
¿No tuvisteis corazón
cuando joven? Si os dijera
que soy toda un corazón...

DOÑA CURIANA. *(En un arranque de indignación.)*

Aquí sois todos poetas
y mientras pensáis en eso
descuidáis vuestras haciendas,
tenéis vuestras casas sucias
y sois unas deshonestas
que dormís fuera de casa,
sabe Dios con quién.

CURIANITA SILVIA.

Paciencia
necesito para oírla.
Me insultáis.

DOÑA CURIANA.

No es que yo quiera
insultarte, niña Silvia.
Es que me da mucha pena
verte triste y desolada
tan sin causa.

CURIANITA SILVIA.

Causa cierta
tienen estos mis pesares.

DOÑA CURIANA. *(Cariñosa.)*

¿Puedo aliviártelos, nena?

CURIANITA SILVIA.

Mis pesares son tan hondos
como la laguna aquélla.

(Con angustia.)

> ¿Dónde está el agua
> tranquila y fresca
> para que calme
> mi sed inquieta?

DOÑA CURIANA. *(Asustada.)*

> Silvia, calmaos, por favor.
> Sed juiciosa y sed serena.

CURIANITA SILVIA. *(Soltando la margarita en el suelo.)*

> ¿Por qué sendero
> de la pradera
> me iré a otro mundo
> donde me quieran?

DOÑA CURIANA. *(Enérgica.)*

> Esto es imposible, Silvia.
> Os volvéis loca.

CURIANITA SILVIA.

> Me queda
> mucho tiempo que llorar.
> Yo me enterraré en la arena
> a ver si un amante bueno
> con su amor me desentierra.

DOÑA CURIANA.

> Estás muy enamorada,
> ya lo sé. Mas en mi época
> las jóvenes no pedíamos
> los novios a boca llena,
> ni hablábamos en parábolas
> como hablas tú. La vergüenza
> estaba más extendida
> que en estos tiempos.
> Se cuenta de una Curiana muy santa

que permaneció soltera
y vivió seis años. Yo
dos meses tengo y soy vieja.
¡Todo por casarme! ¡Ay!
(Lagrimeando.)

CURIANITA SILVIA. *(Muy romántica.)*
¡Amor, quién te conociera!
Dicen que eres dulce y negro,
negras tus alas pequeñas,
negro tu caparazón
como noche sin estrellas.
Tus ojos son de esmeraldas,
tus patas son de violetas.

DOÑA CURIANA.
Estás más loca que un grillo
que conocí allá en su cueva,
que se las daba de listo,
de gran mago y de profeta.
Era un pobre desdichado;
a mí me dio una receta
para curar el amor.

CURIANITA SILVIA. *(Intrigada.)* ¿Qué decía la receta?

DOÑA CURIANA.
Dese a los enamorados
dos palos en la cabeza
y no se los deje nunca
tumbarse sobre las hierbas.

CURIANITA SILVIA. Os chanceáis, señora.

DOÑA CURIANA.
Silvia, ¿y quién no se chancea
viendo a una joven bonita
cometer tantas simplezas?

CURIANITA SILVIA. *(Aparte.)*

> Ella ignora que a su hijo
> es a quien amo.

DOÑA CURIANA.

> Discreta
> sois sin embargo al hablar
> de la causa que os apena.
> ¿Y dónde está vuestro amor?
> ¿Muy lejos?

CURIANITA SILVIA.

> Está tan cerca
> que el aire me trae su aliento.

DOÑA CURIANA.

> ¡Es un mozo de la aldea!
> Lo teníais bien oculto.
> ¿Y él os ama?

CURIANITA SILVIA. Me detesta.

DOÑA CURIANA.

> ¡Cosa rara, vos sois rica!
> En mi tiempo...

CURIANITA SILVIA.

> La princesa
> que él aguarda no vendrá.

DOÑA CURIANA. ¿Qué tal es él?

CURIANITA SILVIA.

> Me deleitan
> su cuerpo chico y sus ojos
> soñadores de poeta.
> Tiene un lunar amarillo
> sobre su pata derecha,
> y amarillas son las puntas
> divinas de sus antenas.

DOÑA CURIANA. *(Aparte.)*
> Es mi hijo.

CURIANITA SILVIA. ¡Yo lo amo con locura!

DOÑA CURIANA. *(Como soñando.)*
> Ella es rica. ¡Qué torpeza
> la de esta criatura rara!
> ¡Yo haré que la ame por fuerza!

(Compungida y fingiendo lo que no siente.)
> ¡Ah, cuánto debes de sufrir!

(Aparte.)
> (¡Tiene magníficas rentas!)
> ¡Pobrecita de mis carnes!
> ¡Sangrecita de mis venas,
> te casaré con mi hijo!

CURIANITA SILVIA. *(Ruborizándose.)* Lo adivinasteis.

DOÑA CURIANA. *(Abrazándola con ternura.)*
> Piensa
> que tengo ya muchos días
> y te adiviné la pena.

CURIANITA SILVIA. ¡Oh, qué dicha! ¡Qué alegría!

DOÑA CURIANA. *(Mimosa en extremo.)*
> Límpiate esa cara tierna
> y deja tus lagrimitas
> al pie de esas azucenas.
> Voy a llamar a mi hijo
> para que te vea.

CURIANITA SILVIA.
> Reina
> seré de este prado verde,
> pues tengo amor y riquezas.

ESCENA III

DOÑA CURIANA, CURIANITA SILVIA, CURIANITO EL NENE

CURIANITO EL NENE *es un gentil y atildado muchachito, cuya originalidad consiste en pintarse las puntas de las antenas y la pata derecha con polen de azucena. Es poeta y visionario que, aleccionado por la* CURIANA NIGROMÁNTICA, *de la que es discípulo, espera un gran misterio que ha de decidir su vida... Trae en una de sus patas-manos una cortecita de árbol donde estaba escribiendo un poema...* DOÑA CURIANA *viene a su lado, encomiando la fortuna de* SILVIA. *Ésta se dedica a coquetear con la margarita a un lado y a otro, y, colocándose una patita sobre la cara, suspira arrobada. Ya quema el sol.*

CURIANITO. *(Aparte.)*
     ¡Que no me caso, madre!
     Ya os he dicho mil veces
     que no quiero casarme.
DOÑA CURIANA. *(Llorando.)*
     Tú lo que tienes ganas
     es de martirizarme.
CURIANITO. Yo no la quiero, madre.
DOÑA CURIANA. Pero si eso es igual...
CURIANITO. Sin amor no me caso.
DOÑA CURIANA.
     Ella tiene un cristal
     precioso, que encontró
     una noche su abuelo,
     muy azul; él creyó
     que era un trozo de cielo.
     Tiene casa espaciosa,

el troje bien repleto.
¡Mira, si es una sosa!
¡Requiébrala discreto!
Dile que te enamora
su carita de estrella,
que te pasas las horas
solo pensando en ella.
¡Te tienes que casar!
Hazlo sólo por mí.
(En voz alta.)
Yo me voy a guisar,
quedaos los dos aquí.
(Vase.)

ESCENA IV

CURIANITO EL NENE, CURIANITA SILVIA, DOS CURIANITAS
NIÑAS

SILVIA *se tapa del sol con la margarita y suspira anhelante.*
CURIANITO *se sienta en una piedrecita blanca y mueve las antenas con lentitud.*

CURIANITO. *(Leyendo la corteza que trae en su pata-mano.)*
    ¡Oh, amapola roja que ves todo el prado,
    como tú de linda yo quisiera ser!
    Pintas sobre el cielo tu traje encarnado
    llorando el rocío del amanecer.
    Eres tú la estrella que alumbra a la aldea,
    sol del gusanito buen madrugador.

¡Que cieguen mis ojos antes que te vea
con hojas marchitas y turbio color!

¡Quién fuera una hormiga para poder verte
sin que se tronchara tu tallo sutil!
Yo siempre a mi lado quisiera tenerte
para darte besos con miel del Abril.

Pues mis besos tienen la tibia dulzura
del fuego en que vive mi rara pasión,
y hasta que me lleven a la sepultura
latirá por ti este corazón...

CURIANITA SILVIA. *(Soñadora, aparte.)*
    ¡Qué apasionado madrigal
    el que cantó!
    (Volviéndose a CURIANITO.*)*
    Muy buenos días. ¿Cómo estás?
CURIANITO. Bien, ¿y tú?
CURIANITA SILVIA.
    Yo...
    busco una cosa sin cesar.
CURIANITO. ¿Cosa?
CURIANITA SILVIA. El amor.
CURIANITO. Es muy difícil de encontrar.
CURIANITA SILVIA. Mi corazón busca los besos.
CURIANITO. Los tendrás.
CURIANITA SILVIA.
    Creo que no.
    ¿Cuándo te casas?
CURIANITO.
    ¡Ah! Mi ilusión
    está prendida en la estrella
    que parece una flor.

CURIANITA SILVIA.

> ¿No es fácil que se seque
> con un rayo de sol?

CURIANITO.

> Yo tengo el agua clara
> para calmar su ardor.

CURIANITA SILVIA. ¿Y dónde está tu estrella?

CURIANITO. En mi imaginación.

CURIANITA SILVIA. *(Con tristeza.)* La verás algún día.

CURIANITO.

> Yo seré su cantor:
> le diré madrigales
> del dulce viento al son.

CURIANITA SILVIA.

> ¿Te acuerdas de la tarde
> que en el sendero en flor
> me dijiste: «Te quiero»?

CURIANITO.

> ¡Aquello ya pasó!
> Hoy no te quiero, Silvia.

CURIANITA SILVIA. *(Llorando.)* Ya lo sé.

CURIANITO.

> Por favor,
> te ruego que no llores.

CURIANITA SILVIA.

> Me duele el corazón.
> (¡Ay de mí!, no me quiere.)

CURIANITO. *(Se acerca a consolarla.)* ¡No llores más, por Dios!

> *(Estando muy juntitos, pasan por la calle dos*
> CURIANITAS, *niñas y revoltosas. Una de ellas*
> *lleva una mosca atada con una brizna de hier-*
> *ba seca.)*

LAS CURIANITAS. *(A voces.)*
>El novio y la novia,
>¡eo! ¡eo! ¡oh!

CURIANITA SILVIA.
>Ojalá fuera cierto
>lo que dice esa voz.

CURIANITO. ¡No llores, niña Silvia!

CURIANITA SILVIA. Me duele el corazón.

LAS CURIANITAS. *(Yéndose.)*
>El novio y la novia,
>¡eo! ¡eo! ¡oh!

CURIANITA SILVIA. ¡Ay de mí, desdichada!

CURIANITO. ¡Qué triste situación!

ESCENA V

CURIANITO EL NENE, CURIANITA SILVIA, ALACRANCITO EL CORTAMIMBRES

CURIANITO *se separa apresuradamente de la* CURIANITA SILVIA *al ver llegar a* ALACRANCITO EL CORTAMIMBRES. ALACRANCITO *es un viejo leñador que vive en el bosque y que frecuentemente baja al pueblo para emborracharse. Es glotón insaciable y mala persona. Habla con voz aguardentosa.*

CURIANITO. Seca tus lágrimas.

CURIANITA SILVIA. Voy.

ALACRANCITO. *(Viene borracho, cantando y tambaleándose.)*
>Que las hojitas del mastranzo

son dulcecitas de tomar.
Tatará, tatará, tatará.
(Se rasca la cabeza con su pinza monstruosa.)
Hay ganado en la cabeza.
(Cantando.)
Tatará, tatará, tatará.
(Dirigiéndose a CURIANITO.*)*
¡Salud, niño!
(A SILVIA, *moviendo cómicamente la pinza.)*
¡Oh, Alteza!
¡San Cucaracho os dé paz!
(Los otros dos personajes están molestísimos.)
¿Estorbo quizás, señores,
en este prado florido?
¿Hablan ustedes de amores
y tratan de hacerse un nido?
Si os molesto, yo me voy,
(Guiñando maliciosamente y dándole a CURIANITO *con la pinza en el vientre.)*
para que os podáis besar.
CURIANITO. *(Muy enfadado.)* Puedes quedarte.
ALACRANCITO. Me estoy.
CURIANITA SILVIA. ¡Qué impertinente!
ALACRANCITO.

Gozar
del amor es primavera.
Tú eres poeta, habrás visto
cómo está la sementera.
CURIANITO. *(Indignado.)* Cállate ya.
ALACRANCITO.
¡Si no chisto...!
¡Si uno no sabe ni hablar!

Me he criado sin familia,
en medio de un olivar...

CURIANITA SILVIA. *(Muy triste.)* ¡Ay!

ALACRANCITO. ¿Qué os pasa, linda negra?

CURIANITA SILVIA. Nada.

ALACRANCITO.

¿Nada? ¡Tiene gracia!
¿Os molesta vuestra suegra?

CURIANITA SILVIA. ¡Imbécil!

ALACRANCITO. *(Muy serio.)*

La alistogracia
también tiene sus pesares.
Tengo mi filosofía,
pues son muchos los azares
de esta larga vida mía.
Y aunque pobre soy decente.
¿Que me emborracho? Pues bien,
¡¿no se emborracha la gente?!
Yo soy un viejo inocente.

CURIANITO. *(Aparte.)* Un canalla.

CURIANITA SILVIA. Un glotón.

ALACRANCITO.

¿Quién
sus defectos no pregona?
Me gusta mucho comer,
toda clase de placer,
pero soy buena persona.

CURIANITO. Calla y vete a tu bosque.

CURIANITA SILVIA. Déjanos ya, hermano.

ALACRANCITO. *(Impertérrito y relamiéndose de gusto.)*

Ahora mismo me acabo de comer un gusano
que estaba delicioso, blando y dulce. ¡Qué rico!
A su lado tenía la cría, un nene chico

(SILVIA *y* CURIANITO *se horrorizan.*)

que no quise comer. Me daba repugnancia.

CURIANITA SILVIA. ¡San Cucaracho mío!

CURIANITO. ¿Por qué causaste mal?

ALACRANCITO. *(Entusiasmado y sin oír.)*

Y no me comí al nene por estar en lactancia.

Y a mí me gustan grandes, ¡que sepan!

CURIANITO.

¡Criminal!

¿Tú no sabes, infame, que un hogar has deshecho

matando al gusanito para te alimentar?

ALACRANCITO.

Si tú quieres, me doy buenos golpes de pecho,

y que San Cucaracho me perdone.

CURIANITO.

Matar

es un pecado grave que no perdona Él.

CURIANITA SILVIA. ¡Ay, pobres gusanitos sin madre!

ALACRANCITO. *(Irónico.)*

¡Ah, poetas!

¡Si supierais lo dulce que tenía la piel!

CURIANITO. ¡Me indignas!

CURIANITA SILVIA. *(Con fuerza.)* ¡Qué canalla!

ALACRANCITO. *(Relamiéndose.)*

Tened las lenguas quietas,

que estáis muy comestibles ambos a dos.

CURIANITA SILVIA. *(Corriendo a refugiarse en la casa de* DOÑA CURIANA.)* ¡Qué miedo!

CURIANITO. *(Asustadísimo, se esconde detrás de la piedra en que estaba sentado.)* ¡Alacrancito!

ALACRANCITO.

Como vuestra carne y me quedo

tan ancho como estaba.

Mas no temáis, que yo
respeto a mis antiguos
amigos.

ESCENA VI

CURIANITO EL NENE, CURIANITA SILVIA, ALACRANCITO,
DOÑA CURIANA, CURIANITA NIÑA

Salen de la cuevecita DOÑA CURIANA, *que llega cojeando y
hecha una furia, y* SILVIA, *asustadísima y llorando.*

DOÑA CURIANA. *(A voces.)*
    ¡Gran bribón!
    ¡Borracho empedernido!
    ¡Qué susto les has dado!
ALACRANCITO. *(Con la risa del conejo.)* Pura broma, señora.
DOÑA CURIANA. *(Dirigiéndose a* CURIANITO.*)*
    ¡Ay, cómo te has quedado,
    hijo mío! ¡Canalla!
    ¡Pobre Silvia!
ALACRANCITO. *(Aparte.)*
    Con ganas comería sus patas.
DOÑA CURIANA. ¡Infame!
ALACRANCITO.
    Por las canas
    os respeto, señora...
(Dirigiéndose a CURIANITO.*)*
    No temas, Curianito.
CURIANITO. *(Muy receloso.)* No temo.

DOÑA CURIANA. (*Furiosa. Aparte, con* SILVIA.) Imposible.

CURIANITA SILVIA.

> No me quiere, repito.
> Me dijo que él amaba
> a una flor.

DOÑA CURIANA.

> ¡El idiota...!
> Mas yo haré que te quiera.

ALACRANCITO. (*A* CURIANITO, *cada vez más borracho.*)

> Tenía una pata rota
> y yo me la comí.
> Era una hermosa araña.

(*Riendo a carcajadas.*)

> ¡Estaba tan sabrosa...!

> (CURIANITO, *que no le llega el caparazón al cuerpo, habla con voz temblorosa a causa del miedo horrible que siente a ser devorado por aquella pantera en forma de alacrán.*)

CURIANITO.

> ¿Cómo te diste maña
> para cogerla?

ALACRANCITO. (*Echándose encima de* CURIANITO.) Así.

CURIANITO. (*Gritando.*) ¡Ay, madre, que me mata!

> (*Se deshace del alacrán y huye con su madre.*)

DOÑA CURIANA. (*Embarracada.*) ¡Vete, bandido infame!

ALACRANCITO. (*Tambaleándose.*) ¡No seas timorata!

> (*Durante esta escena ha aparecido la* CU-
> RIANITA NIÑA, *que pasó antes con la mosca*

atada. ALACRANCITO *la divisa, llega junto a ella, le arrebata la mosca y la traga.)*

LA CURIANITA NIÑA. *(Llorando a gritos.)* ¡Ay, mi mosca! ¡Mi mosca!

ALACRANCITO. ¡Oh, qué rico manjar!

CURIANITA SILVIA. *(Abrazada a* DOÑA CURIANA.*)* ¡¡Socorro, que nos come!!

ALACRANCITO. *(Para asustarlos, con voz cavernosa.)* ¡Os voy a devorar!

(La CURIANITA *huye despavorida.)*

CURIANITO. ¡Ay, madre, tengo miedo...!

(Fuera de la escena se oye un ruido de voces y gritos de compasión.)

CURIANITA SILVIA. ¿Qué es?

DOÑA CURIANA. ¿Qué pasará?

ESCENA VII

CURIANITO EL NENE, CURIANITA SILVIA, ALACRANCITO, DOÑA CURIANA, CURIANAS CAMPESINAS, CURIANA NIGROMÁNTICA, MARIPOSA, DOÑA ORGULLOS

Entra en escena un grupo de CURIANAS CAMPESINAS, *que traen en brazos a una* MARIPOSA *blanca con un ala rota. Viene desmayada. Las* CURIANAS *traen azadas sobre sus hombros, otras traen hoces. Con ellas viene la* CURIANA NIGRO-

MÁNTICA. *Todos se acercan.* ALACRANCITO EL CORTAMIMBRES *se queda tumbado en el santo suelo, ya en la cumbre de la borrachera.*

CURIANA NIGROMÁNTICA. ¡Pobre mariposa herida!

CURIANA CAMPESINA 1.ª. Morirá.

CURIANA NIGROMÁNTICA.
    Tiene muy poca vida,
    pero se salvará.

CURIANA CAMPESINA 1.ª.
    Cayó desde la punta de un terrible ciprés.
    Se ha roto un ala.

CURIANA NIGROMÁNTICA.
    ¡Pobre fantasma soñadora,
    que sabes los secretos del agua y de las flores!
    ¡Qué desdicha de verte morir en esta aurora
    llorada por los dulces profetas ruiseñores!

CURIANA CAMPESINA 1.ª. ¡Compasión me dio el verla tendida en la vereda!

CURIANA NIGROMÁNTICA.
    ¡Qué suerte de nosotras, repugnantes y tristes,
    acariciar tus alas de blanquísima seda
    y aspirar el aroma del traje con que vistes!

(DOÑA CURIANA *trae de su casa unas hierbas largas y delicadísimas, con que la* CURIANA NIGROMÁNTICA *limpia las heridas de la* MARIPOSA. *Triste.*)
    Dulce estrella caída de un ciprés soñoliento,
    ¿qué amarga aurora vieron tus ojos al caer?

CURIANITO. ¡Oh, qué pena tan honda en el alma me siento!

CURIANITA SILVIA. (*A su madre,* DOÑA ORGULLOS, *que llega presurosa. Llorando.*) Él no me quiere, madre.

DOÑA ORGULLOS. (*Muy seca.*) ¡Qué le vamos a hacer...!

CURIANITA SILVIA. Él quiere ya a una estrella.

DOÑA ORGULLOS.
> ¡Qué se habrá figurado!
> ¡Tan pintado y tan feo!

> *(Vase, volviendo la cabeza provocativa-*
> *mente.)*

CURIANA CAMPESINA 1.ª. ¡Mirad, ha suspirado!
DOS CURIANAS CAMPESINAS. ¡Abre los ojos!
MARIPOSA. *(Quedamente y entre sueños.)* ¡Quiero volar, el hilo es largo!
CURIANA NIGROMÁNTICA. *(A DOÑA CURIANA.)*
> Llevémosla a tu casa.
> Sale de su letargo.

MARIPOSA.
> El hilo va a la estrella
> donde está mi tesoro.
> Mis alas son de plata,
> mi corazón es de oro.
> El hilo está soñando
> con su vibrar sonoro...

CURIANA NIGROMÁNTICA. Llevadla con cuidado,
(Las CURIANAS se llevan a la MARIPOSA a casa de DOÑA CU-
RIANA.)
> no le hagáis mucho daño.
(Dirigiéndose a DOÑA CURIANA.)
> Dale rocío añejo y ponle un tibio paño
> con emplastos de ortigas y polen de azucena.

DOÑA CURIANA. ¿Le curará, doctora?
CURIANA NIGROMÁNTICA.
> Pronto se pondrá buena.
> Además le receto baños de luna y siesta,
> allá entre las umbrías de la vieja floresta.

¡Vamos a entrar a verla! ¡Es preciosa!
DOÑA CURIANA. ¡Preciosa!

ESCENA VIII

CURIANITO EL NENE, ALACRANCITO EL CORTAMIMBRES,
CURIANA NIGROMÁNTICA

CURIANITO. *(Dirigiéndose a su amapola.)* Amapola, ya he
    visto mi estrella misteriosa.
ALACRANCITO. *(Tumbado panza arriba en el prado y como*
    en un limbo caótico.)
    Me comí nueve moscas, un lagarto, una abeja,
    una colmena entera.
CURIANITO.
    ¡Mi corazón se queja
    de un amor que ya siente!
CURIANA NIGROMÁNTICA. *(Sale de la cuevecita y llega muy seria*
    junto a CURIANITO. *Poniéndole una mano en el hombro.)*
    Curianito, tu suerte
    depende de las alas de esa gran mariposa.
    No las mires con ansias, porque puedes perderte.
    Te lo dice tu amiga, ya vieja y achacosa.
(Hace un círculo en la tierra con su patita.)
    Este círculo mágico lo dice claramente.
    Si de ella te enamoras, ¡ay de ti!, morirás.
    Caerá toda la noche sobre tu pobre frente.
    La noche sin estrellas donde te perderás...
    Medita hasta la tarde.

(Vase.)

CURIANITO. *(Declamando donjuanescamente.)*
    ¿Qué tengo en mi cabeza?
    ¿Qué madeja de amores me ha enredado aquí el viento?
    ¿Por qué ya se marchita la flor de mi pureza
    mientras otra flor nace dentro del pensamiento?

    ¿Quién será la que viene robando mi ventura
    de alas estremecidas, blancas como el armiño?
    Me volveré tristeza sobre la noche oscura
    y llamaré a mi madre como cuando era niño.

    ¡Oh, amapola roja que ves todo el prado!
    Como tú de linda yo quisiera ser.
    Calma las tristezas de este enamorado
    llorando el rocío del amanecer.

            *(Se sienta en la piedra y llora con la cabecita
            entre las manos. El* ALACRANCITO CORTA-
            MIMBRES *se levanta con dificultad y, dando
            tumbos, va cantando con su voz cavernosa.)*

ALACRANCITO.
    Que las hojitas del mastranzo
    son dulcecitas, ay, de tomar.
    Tatará, tatará, tatará.

            (La escena está llena de luz.)

            (Telón.)

Acto segundo

Jardín

En el fondo de la escena hay una gran cascada de yedras, y todo el suelo estará plantado de margaritas gigantescas. Es un verdadero bosque de florecillas. A la izquierda del teatrito y en parte del fondo, perdiéndose en la espesura, brilla el agua de un manantial... Todas las plantas están pintadas con luz suave del crepúsculo maduro.

ESCENA I

CURIANITA SANTA, CURIANA CAMPESINA 2.ª

Vienen por la derecha dos CURIANITAS CAMPESINAS *que viven al pie de unas setas. Son muy viejas. Una de ellas tiene fama de santa en los alrededores.*

CURIANITA SANTA. ¡Qué gran disgusto tengo, comadre, qué disgusto! ¿Visteis a Curianito recitar en el prado?

CURIANA CAMPESINA 2.ª.
   Yo le vi columpiarse sobre un hilo de araña.

Cantaba triste, triste... Estaría soñando.
Él no piensa ganarse la vida honradamente.

CURIANITA SANTA. Es muy bueno y muy dulce. ¡Un gran
poeta!

CURIANA CAMPESINA 2.ª.
¡Un vago!
Sobre un hilo de araña nadie vive.

CURIANITA SANTA.
¡Comadre,
no critiquéis a nadie! Dijo el Gran Cucaracho:
(*La otra* CURIANA *inclina sus antenas.*)
«Meditad, con la hierba que nace, vuestras vidas
y sufrid en vosotras los defectos extraños.
Valen más en mi reino los que cantan y juegan
que aquellos que se pasan la vida trabajando...
Que habéis de ser la tierra y habéis de ser el agua,
pétalo en los rosales y corteza en el árbol».

CURIANA CAMPESINA 2.ª. ¿Es que el Gran Cucaracho no co-
mía, comadre?
(*Con sorna.*)
Pues decidle a un hambriento esas frases.

CURIANITA SANTA.
¡Callaos!
El hambre es un demonio con antenas de fuego
a quien hay que alejar...

CURIANA CAMPESINA 2.ª. ¿Comiendo, eh?

CURIANITA SANTA. Orando.

CURIANA CAMPESINA 2.ª.
Dejadme en paz, comadre. Sois muy santa y muy sabia,
pero para esta vida no habló San Cucaracho...
Si Curianito el nene no trabaja y se aplica,
se morirá de hambre, tan listo y tan pintado.
¡Si yo fuera su madre, lo cogía...!

CURIANITA SANTA.

Amiga,
que un amor imposible era su último canto
y hablaba de unas alas de mariposa herida,
más digna del rocío que la carne del nardo.

CURIANA CAMPESINA 2.ª. ¡Es terrible esta plaga de gente perezosa!

CURIANITA SANTA.

¡Tened misericordia del lindo enamorado!
«Sufrid sobre vosotras las heridas extrañas,
los dolores ajenos», dijo San Cucaracho.

CURIANA CAMPESINA 2.ª.

¡Pero a mí qué me importa tanta y tanta tontuna!
Y de una mariposa, ¿por qué se ha enamorado?
¿No sabe que con ella no podrá desposarse?

CURIANITA SANTA.

¡Que ha de ser negro lodo sabe la nieve acaso,
cuando llega tan blanca de donde no se sabe!

CURIANA CAMPESINA 2.ª. *(Enérgica.)* Cae de las azucenas.

CURIANITA SANTA. *(Severa.)* Comadre, no afirmarlo.

CURIANA CAMPESINA 2.ª. En fin, que el Curianito está loco.

CURIANITA SANTA.

¡Tan bueno!
¡Estaré en oración por que tenga descanso!
Su cantar me recuerda mi amor de juventud.

CURIANA CAMPESINA 2.ª. *(Muy refunfuñona.)* ¡Vamos a la casita, que ya es de noche!

CURIANITA SANTA. *(Muy triste.)* ¡Vamos!

(Vanse las dos por la derecha, penetrando entre las yedras donde tienen las cuevas. Es ya la noche cerrada, y cae el primer rayo de luna sobre el bosque de margaritas. El agua

del manantial tiembla con una ternura le-
jana.)

ESCENA II

CURIANA NIGROMÁNTICA, DOÑA VURIANA, CUATRO CU-
RIANAS CAMPESINAS, MARIPOSA

Por la derecha entran la CURIANA NIGROMÁNTICA *y* DOÑA
CURIANA, *la mamá de* CURIANITO. *Hablan acaloradamente.*

DOÑA CURIANA.
    Para el baño de luna de nuestra mariposa
    es muy bueno este prado.
CURIANA NIGROMÁNTICA.
    Sus alitas de cera
    quedarán como estaban en la mañana hermosa
    en que rompió los rayos del sol por vez primera.
DOÑA CURIANA.
    «Ella viene del alba. Es una flor errante»,
    dijo mi niño anoche.
CURIANA NIGROMÁNTICA.
    Tened mucho cuidado
    con Curianito, amiga.
DOÑA CURIANA.
    Su corazón amante
    le canta por las noches de un modo apasionado.
CURIANA NIGROMÁNTICA. Pues ¡estemos alerta!
(Dirigiéndose a las dos y llamando.)
    ¡Venid acá! ¡Sin prisa!
    ¡Procurad que no rocen las alas con el suelo!

¡Sujetad las antenas, que las mueve la brisa
y temo que se tronchen! ¡Saltad el arroyuelo!
(*Volviéndose a* DOÑA CURIANA.)

Ya están aquí, señora.

(*Entran en escena cuatro* CURIANAS CAMPE-
SINAS *que traen sobre sus caparazones a la*
MARIPOSA. *A las* CAMPESINAS.)

Dejadla lentamente.

(*A* DOÑA CURIANA). ¿Le pusisteis ungüento de mosca ma-
chacada?
DOÑA CURIANA. Le puse dos unturas.
CURIANA NIGROMÁNTICA. (*Examinándola.*)
Ella ni ve ni siente.
Tiene los ojos muertos y la boca cerrada.
¿De qué reino llegaste con tu blanco vestido?
DOÑA CURIANA. (*Recordando.*) Ella viene del alba. Es una
flor que vuela.
CURIANA NIGROMÁNTICA.
Tú con las alas rotas y el corazón herido
te vas hacia los reinos donde el amor se hiela.
(*Dirigiéndose a* DOÑA CURIANA.)
Aquí la dejaremos bajo la luna. Siento
la tristeza de aquella voz en el encinar
que decía, perdiéndose en el alma del viento:
«Se ha muerto un hada, el hada del campo y de la mar».
DOÑA CURIANA.
El dolor o la muerte me cercan la casita.
Curianito no cesa de cantar sus amores.

CURIANA NIGROMÁNTICA.

Hay que casarlo pronto con Silvia. Necesita
jugar y distraerse.

(A una CAMPESINA.*)*

Quédate, entre las flores.

vigilando los sueños de la blanca durmiente.

Si suspira, le acercas este ramo bendito.

DOÑA CURIANA. *(Con el mismo tema.)*

¡Ay, doctora vecina, mi corazón presiente
mucho mal!

CURIANA NIGROMÁNTICA. *(Sin hacerle caso.)* Ten cuidado si
viene Alacrancito.

*(*DOÑA CURIANA *llora en silencio.)*

Tened mucha paciencia, señora. Sois inquieta.

DOÑA CURIANA. *(Llorando.)*

Toda, toda la culpa la tiene mi marido.

No hay desgracia mayor que la de ser poeta.

¡Yo los quemaba a todos!

CURIANA NIGROMÁNTICA. Los quemará el olvido.

(Vanse. Queda la escena sola.)

ESCENA III

MARIPOSA, CURIANA GUARDIANA

La CURIANITA GUARDIANA *se apoya en el tronco de una margarita y allí se queda inmóvil, moviendo sus antenas lentamente.*

MARIPOSA. *(Despertando.)*

Volaré por el hilo de plata.
Mis hijos me esperan
allá en los campos lejanos,
hilando en sus ruecas.
Yo soy el espíritu
de la seda.
Vengo de un arca misteriosa
y voy hacia la niebla.
Que cante la araña
en su cueva.
Que el ruiseñor medite
mi leyenda.
Que la gota de lluvia se asombre
al resbalar sobre mis alas muertas.
Hilé mi corazón sobre mi carne
para rezar en las tinieblas,
y la Muerte me dio dos alas blancas,
pero cegó la fuente de mi seda.
Ahora comprendo el lamentar del agua
y el lamentar de las estrellas
y el lamentar del viento en la montaña
y el zumbido punzante de la abeja.
Porque yo soy la muerte
y la belleza.
Lo que dice la nieve sobre el prado
lo repite la hoguera.
Las canciones del humo en la mañana
las dicen las raíces bajo tierra.
Volaré por el hilo de plata.
Mis hijos me esperan.
Que cante la araña

en su cueva.
Que el ruiseñor medite
mi leyenda.
Que la gota de lluvia se asombre
al resbalar sobre mis alas muertas.

(La MARIPOSA *mueve las alas con lentitud.*)

ESCENA IV

MARIPOSA, ALACRANCITO EL CORTAMIMBRES, CURIANA
GUARDIANA

Por la derecha asoma la graciosísima pinza de ALACRANCITO.

ALACRANCITO.
    Una rica fragancia
    de carne fresca
    me llegó.
CURIANA GUARDIANA. *(Iracunda.)* ¡Márchate!
ALACRANCITO. ¡Déjame que la vea! *(Acercándose.)*
CURIANA GUARDIANA. ¡Vete al bosque, borracho!
ALACRANCITO.
    ¡Ojalá lo estuviera!
    Ya me hubiera comido
    las alas.
CURIANA GUARDIANA.
    ¡Sinvergüenza!
    ¡Márchate de este bosque!
ALACRANCITO. *(Suplicante.)*
    Un bocado siquiera...

donde tiene la herida...
¡La punta de una antena...!

CURIANA GUARDIANA. (*Furiosa.*)
¡Si no te marchas pronto,
llamo a mis compañeras
y te matamos!

ALACRANCITO. (*Serio.*)
Oye,
si yo un viejo no fuera,
¡cómo me tragaría
tu sabrosa cabeza!

(ALACRANCITO *se acerca presto a morder a*
la MARIPOSA.)

CURIANA GUARDIANA. (*Alarmada.*) ¡Mira que grito! ¡Vete!

(*La* MARIPOSA *se mueve.*)

¡A ver si la despiertas!

ALACRANCITO. (*Saltando y riendo a carcajadas.*)
¿Qué dice la damita
apetitosa y tierna?

CURIANA GUARDIANA. (*Yendo a pegar a* ALACRANCITO.) ¡Esto
es intolerable!

ALACRANCITO. (*Muy cerca de la* MARIPOSITA, *enseñándola y*
abriendo la pinza.)
¿A que a mí no te acercas?

CURIANA GUARDIANA. (*Aterrada.*) ¡Venid, que se la come!

ALACRANCITO. (*Retirándose.*) ¡Calla, Curiana fea!

CURIANA GUARDIANA. ¡Vete pronto a tu casa!

ALACRANCITO. (*Cantando cínicamente.*)

Ya me voy a mi cueva
a comerme diez moscas.

CURIANA GUARDIANA. *(Indignadísima y empujándole.)* ¡Vete!

ALACRANCITO. *(Con guasa.)* ¡No es mala cena!
(Aparte.)

Debe de saber a gloria ese cuerpo de reina.

CURIANA GUARDIANA. ¡Eres canalla y medio!

ALACRANCITO. *(Yéndose.)* ¡Y tú, loca y soltera!

> *(La* CURIANA GUARDIANA *se enfurece, se acerca a examinar a la* MARIPOSA, *y después vuelve a su sitio. La voz aguardentosa de* ALACRANCITO *se siente tararear, cada vez más lejos.)*

ESCENA V

MARIPOSA, CURIANA GUARDIANA, GUSANO DE LUZ 1.º, GUSANO DE LUZ 2.º, GUSANO DE LUZ 3.º

Entre las hierbas brilla un grupo de GUSANOS DE LUZ. *Avanzan lentamente.*

GUSANO DE LUZ 1.º.
Ya podremos bebernos
el rocío.

GUSANO DE LUZ 2.º.
Ahora he visto en el lago
temblar a los lirios.
Pronto caerá sobre las hierbas,
santo y cristalino.

GUSANO DE LUZ 1.º.

    ¿Caerá de los ramajes
    o lo traerán los fríos?

GUSANO DE LUZ 3.º.

    Nunca comprenderemos
    lo desconocido.
    Se ha apagado mi luz.
    Estoy viejo y marchito,
    y no vi descender
    de la rama el rocío.

GUSANO DE LUZ 2.º. ¿Brotará de la tierra?

GUSANO DE LUZ 3.º.

    Un viejo sabio ha dicho:
    «Bebed las dulces gotas
    serenos y tranquilos,
    sin preguntar jamás:
    ¿de dónde habrán venido?».

GUSANO DE LUZ 1.º.

    Endulzan el amor
    esas gotas.

GUSANO DE LUZ 3.º.

    Los viejos
    sabemos que el amor
    es igual que el rocío.
    La gota que tú tragas
    no vuelve sobre el prado.
    Como el amor, se pierde
    en la paz del olvido.
    Y mañana otras gotas
    brillarán en la hierba
    que a los pocos momentos
    ya no serán rocío.

GUSANO DE LUZ 1.º. No nos pongamos tristes...

GUSANO DE LUZ 3.º. Cegó mi luz antigua.

GUSANO DE LUZ 1.º.

> ... que buscando el amor
> vamos por este sitio.

GUSANO DE LUZ 2.º.

> Pronto veré brillar
> las hojas y la tierra.

GUSANO DE LUZ 1.º.

> Las rociadas hacen
> los prados.

(Ya se han acercado mucho a la MARIPOSA. *Ésta los oye y, como soñando, habla.)*

MARIPOSA.

> Yo he sentido
> cómo las claras gotas
> hablaban dulcemente,
> contándose misterios
> de campos infinitos.

GUSANO DE LUZ 3.º. *(Volviéndose bruscamente.)*

> Las gotas no hablan nunca.
> Nacen para alimento
> de abejas y gusanos
> y no tienen espíritu.

MARIPOSA.

> Habla el grano de arena,
> las hojas de los árboles,
> y todas ellas tienen
> un sendero distinto.
> Pero todas las voces
> y los cantos que escuches

son disfraces extraños
de un solo canto. Un hilo
me llevará a los bosques
donde se ve la vida.

GUSANO DE LUZ 3.º. ¿Eres acaso un hada?

MARIPOSA.

Yo no sé lo que he sido.
Me saqué el corazón
y el alma lentamente,
y ahora mi pobre cuerpo
está muerto y vacío.

GUSANO DE LUZ 1.º.

Pues goza del amor,
que la mañana viene.
¡Bebe con alegría
las gotas de rocío!

MARIPOSA.

No sé lo que es amor,
ni lo sabré jamás.

GUSANO DE LUZ 1.º.

El amor es el beso
en la quietud del nido,
mientras las hojas tiemblan
mirándose en el agua.

MARIPOSA.

Tengo las alas rotas
y mi cuerpo está frío.

GUSANO DE LUZ 1.º.

Pero puedes dar besos
y mover tus antenas.

MARIPOSA. ¡Ay, que no tengo boca!

GUSANO DE LUZ 1.º. ¡Es bello tu vestido!

MARIPOSA. ¿Vosotros sois estrellas?

GUSANO DE LUZ 2.º.

A un amante buscamos
y vamos embriagados
de amor por el camino.

MARIPOSA.

Yo no sé qué es amor.
¿Por qué turbáis mi sueño?

GUSANO DE LUZ 3.º.

¡Te dejamos en paz!
¡Sé muy feliz!

MARIPOSA.

El hilo
de plata va a los campos
donde se ve la vida...

(Los GUSANOS DE LUZ *se retiran comentando.*)

GUSANO DE LUZ 1.º. ¿Será un hada?

GUSANO DE LUZ 2.º.

Su cuerpo
está todo dormido.

GUSANO DE LUZ 1.º.

Me da miedo de verla
tan blanca y solitaria.

GUSANO DE LUZ 3.º.

Es una mariposa
medio muerta de frío.

GUSANO DE LUZ 2.º.

¡Qué misterio tan grande!
Vamos a nuestro campo.

GUSANO DE LUZ 3.º.

¡Y que llame al amor

vuestro cuerpo encendido!
¡Quién pudiera enroscarse
con el amante fuerte!
GUSANO DE LUZ 1.º. *(Intrigado.)*
¿Por qué dice que hablaban
las gotas de rocío?

(*Los* GUSANOS DE LUZ *se van perdiendo.*)

ESCENA VI

MARIPOSA, CURIANA GUARDIANA, CURIANITO EL NENE

La otra CURIANITA *da varias vueltas por la escena... Aparece* CURIANITO EL NENE, *pintado graciosísimamente de amarillo. Trae una cara afligida.*

CURIANITO. *(Declamatoriamente.)*
Las hojas y las flores
se marchitaban.
Yo tenía el silencio
de la mañana.
CURIANA GUARDIANA. *(Irritada.)*
(Ya tenemos aquí
lo que nos hace falta.
Se ha pintado con polen de azucena
por enamorarla.)
CURIANITO.
Era el tiempo dichoso de mis versos tranquilos,
pero a mi puerta un hada

ha llegado vestida de nieve transparente
para quitarme el alma.
¿Qué haré sobre estos prados sin amor y sin besos?
¡Me arrojaré a las aguas!
Pero pienso en el mundo con que mi madre sueña,
un mundo de alegría más allá de esas ramas,
lleno de ruiseñores y de prados inmensos,
el mundo del rocío donde el amor no acaba.
¿Y si San Cucaracho no existiera? ¿Qué objeto
tendría mi amargura fatal? Sobre las ramas,
¿no vela por nosotros aquel que nos hiciera
superiores a todo lo creado?

CURIANA GUARDIANA.

(¡Qué lastima!
¡Definitivamente está loco del todo!
¡Pobre Doña Curiana!)

ESCENA VII

MARIPOSA, CURIANA GUARDIANA, CURIANITO EL NENE,
CURIANA NIGROMÁNTICA

CURIANITO. (*Acercándose a la* MARIPOSA.)
¿Duerme la casta reina de este prado?
¿La que el rocío cuaja?
¿La que sabe el secreto de la hierba
y el canto de las aguas?
(*La* MARIPOSA *no contesta y danza.*)
¿No contestas? ¿Acaso no has oído
mi voz apasionada?
(*La* MARIPOSA *hace como que quiere volar.*)

¿Quieres volar? Hay mucha sombra encima
y tienes rota un ala.
Con besos curaré yo tus heridas
si conmigo te casas.
Y un ruiseñor inmenso que es mi amigo
nos llevará volando en la mañana.
No insistas en volar. Es noche. Mira
cuánta sombra en las ramas,
y la sombra es el peso que nos duerme:
es muy sutil y aplasta.

(La MARIPOSA *cae al suelo.* CURIANITO *se acerca.)*

Sin ti mi corazón se está secando.
Escucha mis palabras.
No pienses en volar hacia los montes
y quédate en mi casa.
Yo cazaré, para que te diviertas,
una buena cigarra
que arrullará tu sueño por las noches
y por las alboradas.
Te traeré piedrecitas de la fuente,

(La CURIANITA GUARDIANA *va entre los troncos de las margaritas para oír mejor.)*

hormiguitas enanas,
y beberás las gotas de rocío
en mis labios que abrasan.
¿Qué he visto en tus antenas?
¡Mariposa! Espejo de las hadas,
que eres como una flor del otro mundo
o la espuma del agua.

*(*CURIANITO *está abrazado a la* MARIPOSA. *Ésta se le entrega inconsciente.)*

Tienes el cuerpo frío. Ven conmigo,
que es mi cueva templada

y desde allí verás el prado verde
perderse en la distancia.
(*La* MARIPOSA *se aparta bruscamente y danza.*)

*

¿No tienes corazón? ¿No te ha quemado
la luz de mis palabras?
Entonces ¿a quién cuento mis pesares?
¡Oh, Amapola encantada!
¡La madre del rocío de mi prado!
¿Por qué si tiene el agua
fresca sombra en estío y la tiniebla
de la noche se aclara
con los ojos sin fin de las estrellas,
no tiene amor mi alma?
¿Quién me puso estos ojos que no quiero
y estas manos que tratan
de prender un amor que no comprendo?
¡Y con mi vida acaba!
¿Quién me pierde entre sombra?
¿Quién me manda sufrir sin tener alas?

CURIANA GUARDIANA.
¡Ah! ¿Por qué gritas tanto, Curianito?
¡Está loco!
CURIANA NIGROMÁNTICA. ¿Qué pasa?

* Truncado en el original. El fragmento que sigue pertenece a un manuscrito diferente del que poseemos sólo esta hoja.

Por el fondo de la escena aparecen GUSANOS DE LUZ *y unas* CURIANAS *que cogen el pétalo de rosa que guarda a* CURIANITO *y se lo llevan lentamente con gran ceremonia y solemnidad. Queda la escena sola. Todo está iluminado fantásticamente de rosa. La marcha fúnebre se va alejando poco a poco.*

Fin de la Comedieta

EPÍLOGO

---

* La acotación final proviene de otro manuscrito, diferente de los anteriores, del que ha quedado tan sólo esta hoja.

Apéndices

Teatro   Eslava

FLORALIA

FLORES DEL CAMPO

COLONIA
Polvos de Arroz
Loción

JABON
FLORALIA MADRID

EXTRACTO
Ron Quina
BRILLANTINA

Encajes.

Primera Casa en Madrid:

CONSUELO

Calle del Carmen, 9 y 11.

TELÉFONO 35-30

PROGRAMA

Función para hoy 21 de Marzo de 1920.

A las diez de la noche.

1.º SINFONÍA

2.º La joya en tres y Marzab, adaptada de El Nacional... (estreno)

COLOMBINA ESTÁ RABIOSA

Interpretada por Amalia Carbó, Meliesti Puig y Manuel Quesada.

3.º ESTRENO de la comedia en cinco cuadros, en verso, original de Eduardo García Luna. Representada original en el Odeón... (estreno) por Luis Tarín y Quesada.

EL MALEFICIO DE LA MARIPOSA

REPARTO: Primera: Puig Poto... (varios nombres)

EN CAPILLA

REPARTO: Pablo Estévez, Amalia Carbó, Mélida Manual y...

FLERIDA

Gran Cervecería Bar y cuanto apetezcáis. Servicio permanente de cenas.
8, ALCALÁ 8.—Teléf. 43-07 M.

Crítica

Los teatros

ESLAVA

«El maleficio de la mariposa», por D. Federico García Lorca.-"En capilla", por D. Antonio Ramos Martín

«El maleficio de la mariposa»... Título que por cierto nos recuerda demasiado el de una recientísima obra maestra, «El maleficio de la U», de Pedro de Répide... «El maleficio de la mariposa»... He aquí una cosa hecha para ser escuchada con respeto..., que no supo hacerse respetar. ¿De quién la culpa? ¿De un público inquieto y propenso a la eutrapelia, más o menos distinguida? ¿De unos cómicos medianos, en cuya boca los versos se convierten en cantinela monótona, como romance de ciego, y pierden—con el matiz—el prestigio eufónico y el sentimental?... Más bien del error en que muchos poetas tan inteligentes y finos como el Sr. Lorca, y más experimentados, incurren, impenitentes, de confundir la poesía lírica con la dramática... El hecho —crudamente—es que una curiana—o curianita—, con una espina clavada en el corazón, no puede permanecer largo rato diciendo o escuchando bellísimos versos—bellísimos—sin que ocurra otra cosa más que su dilatada agonía, muy patética, pero poco accidentada y teatral, en el bueno o, por lo menos, en el imprescindible sentido de la palabra.

Y no tenga esto el Sr. Lorca por acerba crítica. Ni es necesario ni casi conveniente el escribir comedias. Un sentido sintético—poético, para ahorrar palabras—de la vida y de sus grandes problemas ideales puede y aun debe adoptar una forma más noble y perfecta que la del teatro. Escribir bellos versos es el arte supremo. Y el Sr. García Lorca se acerca mucho a ese ideal. Y salvo algunas imperfecciones, que adquieren demasiado relieve en la escena, la discreción y el talento no hacen nunca defecto en «El maleficio de la mariposa».

«En capilla», sainete de Ramos Martín, es una piececita que tiene cierta gracia antigua y bonachona, de esa que hacía desternillarse a los hombres del 75 (nos referimos al año, y no al cañón francés de ese calibre). Ahora también hizo reir bastante y logró la unanimidad del público en la carcajada ingenua.

La representaron bien los Sres. Collado, Tordesillas y París.

M. MACHADO

Diálogo de la residencia

ROMÁN *en escena paseándose con un número del* Socialista.

(Timbre.)

VOZ: Jesusa, una merienda al cuarto del señor Olalla.

(Pausa.)

ARIAS: ¿Qué hay, Olalla, y ese ojo?
OLALLA: Más negro que una mina de Linares.
ARIAS: Eso no es nada, rapaz. Una conjuntivitis ligera. A aliviarse.

(Aparecen don Ricardo [Orueta], cargado de máquinas fotográficas, y [Luis] Truán, cabreado.)

TRUÁN: Vamos, no diga usted que no, don Ricardo. Es un cretino.
ORUETA: Le das mucha importancia, aparte que es un muchacho simpático y de cierto mérito. Te enseñaré la foto que le hice ayer y verás cómo cambias de opinión.
TRUÁN: ¡Pobre!
ORUETA: Es estupenda.

TRUÁN: A mí me molesta que vaya a Gijón.

ORUETA: ¿No va también Pepe Moreno [Villa] y Barzola y [Javier] Arisqueta...?

TRUÁN: Yo, sin embargo, no le prestaría la máquina ni le prestaría nada. Es un cretino.

ORUETA: Mira esta máquina que acabo de comprar a Braulio López Leñiz. Es estupenda. No se la prestaría. Pero la que empleo para las cosas de Berruguete y Pedro Mena... esa con mucho gusto, porque para mí, que ya soy viejo, se hace muy pesada.

PÁEZ: Don Ricardo, un gato hay debajo de su ventana. ¡Un gato! ... Y están arreglándome el tirador... Trae un bastón, trae un bastón.

(Vase.)

TRUÁN: Pobres gorriones. Cuánto mejor estarían en la pumarada.

(Vase.)

(Entran Carlos M. [Marchesi], [Ernesto] Lasso [de la Vega], García Lorca y Cienfuegos. Entra Carlos M. cantando. Le siguen los demás.)

CARLOS: Tan, tan.

PÁEZ: Como en junio no hubo notas, pues he venido para sacar notable, pero he sacado dos matrículas.

LORCA: ¡Hola, hola, hola, hola!

(Páez se ruboriza.)

LORCA: ¿Qué tal los toros de ayer?

CARLOS: Más malos que un chiste de Becares. Ja, ja, ja, ja, estrepitoso.

CIENFUEGOS: Jaaaaaa, jaaaa.

LASSO: No estuvieron tan malos... pero desde que se murió el rey del toreo. ¡Pobrecito José!

Otros títulos del autor

Contemporánea

FEDERICO
GARCÍA LORCA

Romancero
gitano

DEBOLSILLO

Contemporánea

EDICIÓN DE EUTIMIO MARTÍN

FEDERICO
GARCÍA LORCA

Cielo bajo

Suites

DEBOLSILLO

**FEDERICO
GARCÍA LORCA**
La casa de
Bernarda Alba

DEBOLSILLO

**FEDERICO
GARCÍA LORCA**
Bodas
de sangre

DEBOLSILLO